Reinhold Ruthe

Wenn Liebe zur Fessel wird

Freiheit und Abhängigkeit in der Partnerschaft

BRUNNEN
VERLAG GIESSEN · BASEL

Die Bibelzitate sind, soweit nicht anders angegeben,
der Lutherbibel in der revidierten Fassung entnommen:

Weitere Zitate aus: Gute Nachricht Bibel,

www.brunnen-verlag.de
Umschlagfoto: Getty Images, München
Umschlaggestaltung: Georg Design, Münster
Satz: DTP Brunnen Verlag
Herstellung: St.-Johannis-Druckerei, Lahr
ISBN 3-7655-1330-x

Inhalt

Vorwort

Wir sprechen von „Beziehungsabhängigkeit“, wenn „Liebe zur Fessel“ wird. Beziehungsabhängigkeit in Ehe und Partnerschaft ist eine Fehlform der Liebe. Beziehungsabhängigkeit ist ein Missbrauch der Liebe.

Dadurch sind viele Paare unglücklich. Einer klebt am anderen und lässt dem Partner keine Luft. Die Sucht, sich abhängig zu machen, gebraucht zu werden und die Beziehung zu zerstören, ist riesengroß.

Eine reife Liebe schließt ein:

- Abhängigkeit und Selbständigkeit,
- Nähe und Distanz,
- Intimität und Für-sich-sein-Können,
- Zusammensein und Alleinsein.

Geben und nehmen, schenken und beschenkt werden, beglücken und beglückt werden sind dabei ausgewogen. Wer den anderen in Ehe und Partnerschaft auffrisst, liebt ihn nicht.

Ursprünglich wurden die Begriffe „Beziehungsabhängigkeit“ und „Beziehungssucht“ für Alkoholiker und ihre Angehörigen angewendet. Fachleute sprechen von „Co-Abhängigkeit“ oder von „Co-Dependency“. Der Begriff Co-Abhängigkeit tauchte in Beratungsstellen erstmals Ende der siebziger Jahre auf. Er wurde in erster Linie für Personen benutzt, die mit einem Alkoholiker zusammenlebten und seelisch und körperlich beeinflusst wurden. Angehörige von suchtkranken Menschen überforderten sich, brachen zusammen und waren nicht mehr in der Lage, das Zusammenleben zu meistern. Sie waren von ihrer Umgebung abhängig wie ein Kind und abhängig vom Alkoholismus des Alkoholikers.

Später wurde der Begriff „Co-Abhängigkeit“ bzw. „Beziehungsabhängigkeit“ auf alle Personen ausgedehnt, die mit Abhängigen und Süchtigen verschiedener Kategorien zusammenleben.

Eine solche Beziehungsabhängigkeit kann auch ein Problem von Eheleuten sein; „Liebe als Fessel" legt dabei dem Partner sozusagen Handschellen an. Es entsteht eine Abhängigkeit, und von ihr handelt dieses Buch.

„Liebe als Fessel" oder Beziehungsabhängigkeit in Ehe und Partnerschaft ist ein Grund, warum

- Ehen scheitern,
- Partner sich das Leben zur Hölle machen,
- Partner sich seelisch und körperlich ruinieren,
- einer den anderen ausbeutet,
- einer für Gefühle, Gedanken, Taten, Entscheidungen und das gesamte Schicksal des anderen die Verantwortung trägt,
- einer sich als Opfer oder als Baby missbraucht fühlt,
- Partner traurig und resigniert sind, wenn sie ihr ganzes Leben damit verbringen, dem anderen zu geben, und selbst nichts erhalten.

Die Liebe, die doch der Kernpunkt des christlichen Glaubens ist, wird bei Beziehungsabhängigkeit als Mittel benutzt, um andere zu beherrschen. Die vermeintliche Selbstaufopferung wird zur Selbstsucht. Die Liebe wird in Dienst gestellt, um andere zu kontrollieren und zu manipulieren.

Aber sind wir nicht alle ein bisschen abhängig, ein bisschen verstrickt und ein bisschen zwanghaft? Mit Sicherheit. Fehlerlos ist niemand, auch der Partner nicht, der in einer harmonischen Partnerschaft lebt. Schauen wir uns an,

- wo aus Liebe Selbstsucht,
- wo aus Hingabe Hörigkeit,
- wo aus Zuwendung Zwang und
- wo aus falscher Liebe ein Nicht-nein-sagen-Können wird.

Es gibt eine problematische Selbstaufopferung, und es gibt eine problematische Selbstverleugnung.

In diesen Fällen lässt sich zusammenfassend sagen:

- Die Liebe wird *missverstanden*,
- die Liebe wird *missbraucht*,
- die Liebe wird *pervertiert*.

Die Liebe, wie sie Gottes Wort uns beschreibt, bedeutet Freiwilligkeit. Zwang, Kontrolle und Eifersucht sind menschliche Fehlformen.

Das Buch wendet sich in erster Linie an Betroffene, die in Ehe und Partnerschaft Beziehungsabhängigkeit praktizieren, die auf der einen Seite gebraucht werden wollen, sich übermäßig um andere kümmern, zu viel Verantwortung tragen – und die auf der anderen Seite klammern, ausgebeutet werden, sich bedienen und kontrollieren lassen, sich als Opfer fühlen und die Liebe kaputtmachen.

In zweiter Linie werden Berater und Seelsorger angesprochen, die sich mit Partnerschaften beschäftigen, in denen Menschen verzweifelt nach Liebe suchen, liebesunfähig sind oder den anderen mit falscher Fürsorge unmündig machen.

Was sind die Ursachen von Beziehungsabhängigkeit in Ehebeziehungen? Welche Lösungen bieten sich an, die unseligen Verstrickungen aufzulösen? Dies zu zeigen, ist der Zweck des Buches. – Um der besseren Lesbarkeit willen wird dabei die Bezeichnung „Partner" für Männer *und* Frauen verwendet.

I

Wahre Liebe – problematische Liebe

Im Mittelpunkt des christlichen Glaubens steht die Liebe. Liebe ist die größte Gnadengabe, ein Geschenk und eine Begabung. Aber die Liebe ist tausend Missverständnissen ausgesetzt. Was versteht der Mensch nicht alles unter Liebe:

Liebe zu Gott, zu Bratkartoffeln, zur Prostituierten, zur Kunst, zum Partner, zum Geld, zum Luxus. Das Heiligste und das Banalste, wahre Liebe und problematische Liebe werden nahezu in einem Atemzug genannt.

Was ist wahre Liebe in der Partnerschaft?

In den Beziehungen der Menschen untereinander und in der Partnerliebe gibt es Liebespraktiken, die bereichern, die beglücken und die Menschen erfreuen, und es gibt Liebesverhalten, das die Partner belastet, unglücklich macht und trennt. Wahre Liebe in einer Partnerschaft bedeutet:

Sie will nicht haben, sie will beglücken.
Sie weiß um Nähe und Distanz zum anderen.
Sie respektiert die Bedürfnisse des Gegenübers.
Sie drängt sich nicht auf und lässt den anderen gelten.
Sie will bereichern und nicht in erster Linie bereichert werden.
Sie will beschenken und nicht in erster Linie selbst beschenkt werden.
Sie rächt sich nicht und vergilt nicht Böses mit Bösem.
Sie gibt sich selbst und dem anderen die Freiheit, sich zu entwickeln und zu entfalten.

Das „Hohelied der Liebe“ drückt komprimiert aus, was *wahre Liebe* beinhaltet:

„Wer liebt, ist geduldig und gütig.
Wer liebt, ereifert sich nicht.
Er prahlt nicht und spielt sich nicht auf.
Wer liebt, der verhält sich nicht taktlos,
er sucht nicht den eigenen Vorteil
und lässt sich nicht zum Zorn erregen.
Wer liebt, trägt keinem etwas nach;
er freut sich nicht, wenn einer Fehler macht,
sondern wenn er das Rechte tut.
Wer liebt, gibt niemals jemand auf,
in allem vertraut er und hofft er für ihn;
alles erträgt er mit großer Geduld.
Niemals wird die Liebe vergehen“
(1. Korinther 13,4-8, nach Gute Nachricht Bibel).

Liebe – fünf Buchstaben und tausend Missverständnisse

Wie wir gesehen haben, ist das schönste und kostbarste Wort der deutschen Sprache leider außerordentlich missverständlich. Auch kann aus *wahrer* Liebe *abhängige* Liebe werden. Beziehungsabhängigkeit beinhaltet eine fragwürdige Liebe. Sie legt gewollt oder ungewollt Fesseln an. Was verstehen wir alles unter einer abhängigen Liebe?

- Sie engt den anderen ein, glaubt aber, ihn besonders innig zu lieben;
- sie liebt den anderen sehr, um die eigenen Bedürfnisse zu befriedigen;
- sie umgibt den Partner (oder die Partnerin) von allen Seiten, um ihn zu beherrschen;

- sie opfert sich für den anderen auf, um ihn nicht zu verlieren;
- sie tut alles für den anderen, um selbst nicht verletzt und missachtet zu werden;
- sie zwingt dem anderen etwas auf, was der Liebende selbst für wertvoll und notwendig hält.

Solche Liebe ist nicht frei, sondern abhängig
- von egoistischen Wünschen,
- von tief sitzenden Ängsten,
- von Vorurteilen, die sich der Liebende gemacht hat,
- von Selbstbetrug, dem der Liebende aufgesessen ist.

Die reine, völlig unabhängige Liebe gibt es nicht. Seit dem Sündenfall ist unsere Liebe von ich-haften Wünschen durchsetzt. Aber in Jesus Christus ist die reine Liebe über unsere Erde gegangen. Er war und ist die Verkörperung einer vollkommenen Liebe, die von Ich-Sucht, egoistischen Wünschen und subjektiven Bedürfnissen frei ist. Er konnte geben und nehmen.

Bei Menschen mit Beziehungsabhängigkeit ist die Liebe besonders stark aus dem Gleichgewicht geraten. Geben und Nehmen werden einseitig praktiziert. Was wie Liebe aussieht, ist oft ein Mittel, andere zu beherrschen. Was wie Selbstaufopferung erscheint, kann in Wirklichkeit Selbstsucht sein.

Was die Liebe problematisch macht

Vieles wird als Liebe angesehen, was nicht wirklich Liebe ist. Beziehungsabhängige tun viel zu viel für andere. Sie drängen sich auf, weil sie sich selbst für nicht liebenswert halten. Ihre Beziehungsfähigkeit ist eingeschränkt, weil sie Liebe und Zuneigung in der Kindheit zu wenig erfahren haben. Mit sicherem Gefühl finden sie später schwache und hilflose Partner, die darauf warten, aus ihrem Elend erlöst zu werden. Diese wiederum sind „Parasiten der Liebe". Sie missbrauchen die Liebe, weil sie zu wirklicher Liebe nicht fähig sind. Von klein auf haben sie nicht das Teilen gelernt. Ihre Wünsche und Bedürfnisse wurden erfüllt. Die gebratenen Tauben, wie es im Märchen heißt, flogen ihnen in den Mund. Mit Fürsorge wurden sie voll gepackt und zur Gegenliebe nicht befähigt.

Beide Parteien missverstehen die Liebe. Die einen wollen gebraucht werden. Sie verzehren sich bis zur Selbstaufgabe für den anderen, werden aber nicht glücklich dabei. Ihre so genannte Liebe ist mit Schmerzen und Leiden verbunden. Viele ruinieren ihre Gesundheit und verzichten auf persönliches Wohlergehen. Sie sind total auf den Partner fixiert und haben gleichzeitig Angst, er könnte sie verlassen.

Die anderen können nicht geben und sind einseitig auf Nehmen eingestellt. Sie wollen betreut, bedient und versorgt werden. Unbewusst spielen sich die Bedürftigen in die Hände. Ihr Zusammenspiel ist perfekt.

In diesem Fall ist die Liebe zwischen zwei Menschen vom Kurs abgekommen. Geben und nehmen, schenken und beschenkt werden sind aus dem Gleichgewicht geraten.

Tatsächlich gibt es immer wieder Menschen, die es meisterhaft verstehen,

- sich bedienen zu lassen,
- sich verwöhnen zu lassen,
- sich bemuttern zu lassen.

Sie wollen genießen und können nicht geben, sie wollen einseitig haben und sind zur Gegenliebe nicht ermutigt. Wer die Liebe in dieser Weise missbraucht, animiert sein Gegenüber, letzte Opfer zu bringen. Der oder die Opferbereite – es sind nicht nur Frauen – verzehrt sich in der Liebe, gibt das Letzte und gibt nicht selten die eigene Persönlichkeit auf. Diese Menschen verausgaben sich, um wenigstens den Zipfel einer Gegenliebe zu erhaschen. Viele verzweifeln an sich, am Partner und an der Liebe. Streng genommen kann von Liebe nicht mehr die Rede sein. Es handelt sich um eine Zerrform der Liebe, um eine Missgeburt der Liebe, die doch in ihrer eigentlichen Form eine Himmelsmacht sein kann.

Die Sucht, gebraucht zu werden

Jeder Mensch möchte in der Welt seinen Platz einnehmen. Jeder möchte wichtig sein und beachtet werden. Gerade Menschen, die als Kinder übersehen und an den Rand gestellt wurden, wollen ganz besonders bestätigt und gebraucht werden. Sie tun alles, um gemocht, gebraucht und bestätigt zu werden.

Da ist Maren, eine siebenundzwanzigjährige Frau. Sie hat noch zwei ältere Brüder, die beide das Gymnasium besucht und studiert haben. Der eine ist Arzt, der andere Diplom-Ingenieur und in einer Maschinenfabrik tätig. Beide mussten im Haus der Eltern nichts tun. Ihre schulische Begabung wurde früh entdeckt, und die Lehrer rieten den Eltern, die Kinder studieren zu lassen. Der Vater war ein kleiner Beamter und musste sich mit seiner Frau finanziell einschränken, um den Brüdern das Studium zu ermöglichen. Er stöhnte unter der finanziellen Last. Die Mutter litt an Rheuma, das ihre Beweglichkeit erheblich einschränkte.

Ständig erlebte Maren, wie die Brüder von Freunden und Bekannten gelobt wurden. Von ihr war keine Rede. Da sie mit den Brüdern schulisch nicht mithalten konnte, ließ sie allen Ehrgeiz fahren, schaffte mit Nachhilfeunterricht die Mittlere Reife und versuchte mit einer anderen Methode, sich einen Platz in der Familie zu erobern. Je mehr Maren sich um den Haushalt kümmerte, den Garten pflegte, die Wäsche wusch und die Einkäufe tätigte, desto mehr wurde sie geachtet.

Weil beide Eltern unter verschiedenen Lasten litten, bekam Maren nicht die Liebe und Anerkennung, die sie verdient hätte. Beide Eltern waren nicht undankbar, fassten den Dank aber nur selten in Worte. Maren arbeitete von morgens früh bis abends spät, aber die Miene der Eltern entspannte sich nur selten.

Eines Abends nach dem Essen bat der Vater seine Tochter, noch zusätzlich im Supermarkt nebenan eine Halbtagsarbeit anzunehmen, um das Studium der beiden Söhne leichter finanzieren zu können. Maren sagte ja, wenn auch nicht leichten Herzens, wurde aber zum ersten Mal vom Vater herzlich gedrückt. In der Nacht verdrückte Maren einige Tränen und begann vierzehn Tage später mit der Arbeit im Supermarkt. Sie hatte keine regelmäßige Arbeitszeit, sondern wurde von der Geschäftsleitung zu unterschiedlichen Zeiten angefordert. Die Doppelbelastung machte ihr zu schaffen. Maren schlief schlecht. Sehr oft gab es warmes Essen aus Dosen und aus dem Kühlschrank. Die Eltern waren nicht immer mit den Mahlzeiten zufrieden. Über die Finanzen gerieten die Eltern hin und wieder in Streit, und Maren versuchte zu schlichten, kam aber zwischen die Fronten. Die Tochter ließ sich wenig anmerken. Um zu gefallen und wenigstens einen Funken Liebe von den Eltern zu ergattern, stand Maren morgens als Erste auf und legte sich spätabends als Letzte ins Bett.

Ein halbes Jahr später lernte Maren im Supermarkt einen jungen Mann kennen, der häufig einkaufte, um mit ihr einige Worte zu wechseln. Maren spürte Liebesgefühle, die sie bisher unter Verschluss gehalten hatte. Das Gefühl, geliebt zu werden, veränderte die junge Frau vom Scheitel bis zur Sohle. Die Arbeit zu Hause und im Supermarkt machte ihr jetzt doppelte Freude.

Allerdings hatte die aufkeimende Liebesbeziehung auch eine Schattenseite. Maren war plötzlich gezwungen, drei Lebensaufgaben gerecht zu werden. Die Versorgung der Eltern, die Arbeit im Supermarkt und die beginnende Liebesbeziehung forderten ihren Tribut. Wenn sie abends noch einige Stunden das Haus verließ, um sich mit ihrem Freund zu treffen, reagierten die Eltern ungehalten. Sie mäkelten an dem Mann herum. Er wolle doch nur ein Mädchen zum Zeitvertreib, außerdem sei er seit einem halben Jahr arbeitslos. Wahrscheinlich handele es sich um einen Herumtreiber, der ohne Ziel und Ehrgeiz im Leben stünde.

Maren ließ sich von ihren Eltern nicht beeindrucken. Sie war überglücklich, einem Mann zu gefallen, der sie liebte und begehrte. Ihre Eltern fühlten sich mehr und mehr vernachlässigt. Ihre Mienen wurden ernster und ihre Unzufriedenheit größer. Jeden Tag kam es zu Vorwürfen und hässlichen Auseinandersetzungen. Beide Elternteile hofften, der Tochter die Liebesbeziehung ausreden zu können.

Als Maren ihren sechsundzwanzigsten Geburtstag mit dem zwei

Jahre jüngeren Mann feierte, machte er ihr den Vorschlag zu heiraten. Seine Eltern besorgten den beiden eine Wohnung und waren froh, den Sohn loszuwerden, weil er ihnen als Arbeitsloser auf der Tasche lag. Wochen später fand die Hochzeit statt, und zwar gegen den Willen von Marens Eltern. Um das Glück nicht zu versäumen, entschied sich Maren gegen die Eltern und für den jungen Mann.

Aber sie kam vom Regen in die Traufe. Schon nach einigen Monaten Ehe – die Flitterwochen waren längst vorbei – fand sich Maren als Sklavin ihres Mannes und als Versorgerin ihrer Eltern wieder. Die wenigen zärtlichen Stunden, die sie vor der Ehe genossen hatte, wandelten sich in Tage, die mit Kochen, Putzen, Arbeiten im Supermarkt, Versorgen der Eltern und mit Vorwürfen angefüllt waren. Dazu klagte der Ehemann, der sich bedienen und verwöhnen ließ, immer öfter und lauter über fehlende sexuelle Beziehungen. Maren arbeitete inzwischen ganze Tage, um den Lebensunterhalt für ihre Ehe aufzubringen. Der junge Mann unternahm keine Anstrengungen, sich einen neuen Job zu suchen. Alle Angebote waren unter seiner Würde.

Es kam, wie es kommen musste. In der Weihnachtszeit, als sie ein halbes Jahr verheiratet war, brach Maren körperlich und seelisch zusammen. Vom Arzt bekam sie Beruhigungsspritzen. Als ich sie kennen lernte – inzwischen war sie achtundzwanzig Jahre alt geworden – begegnete mir eine Frau mit strähnigen Haaren und eingefallenen Wangen. Sie war ein Schatten ihrer selbst.

Was zeigt dieses Beratungsbeispiel? Was sind die Kriterien einer krankhaften Beziehungsabhängigkeit?

1. Nehmende und Gebende ziehen sich an

Der junge Mann ist ein Bequemer und ein Verwöhnter. Als Einzelkind wurden ihm alle Schwierigkeiten aus dem Weg geräumt. Er ließ sich von Mutter bedienen und versorgen. Als er arbeitslos wurde, lag er den Eltern auf der Tasche. Er strengte sich nicht an, einen neuen Arbeitsplatz zu finden. In seiner Langeweile lernte er die junge Dame im Supermarkt kennen. Unbewusst wählte er die richtige Partnerin, die ihm wie Mutter hilfsbereit, aufopfernd in der Liebe und fürsorglich erschien. Maren, die Liebe und Zärtlichkeit in Kindheit und Jugend entbehren musste, wurde magisch von dem jungen Mann angezogen. Plötzlich fühlte sie sich wertgeachtet, geschätzt und begehrt.

2. In der Liebe zu kurz Gekommene handeln unrealistisch

Maren ist ein lehrbuchreifes Beispiel für Menschen, denen Liebe, Zuwendung und Zärtlichkeit vorenthalten wurden. Sie sind nicht in der Lage, Liebesbeziehungen nüchtern einzuschätzen. Die kleinsten Liebesbezeugungen rufen stürmische Liebesgefühle hervor. Unbefriedigte Gefühle werden aus dem Schlaf geweckt und ergreifen den ganzen Menschen. Die ungestillten Sehnsüchte brechen mit aller Macht hervor und lähmen den Verstand. Die unreflektierten Gefühle sind wie eine Brandungswelle, die alles überrollt, was sich ihr in den Weg stellt. Die Vernunft hat keine Chance, diese ungestümen Gefühle zu sortieren und in Schranken zu halten. Maren hört weder auf ihre Stimme der Vernunft noch auf ihre Eltern. Sie glaubt, dass die Eltern nur Angst davor haben, unversorgt im Stich gelassen zu werden.

3. Partnerschaft scheint den Sinn zu haben, Unzulänglichkeiten auszugleichen

Beide fliehen in eine Liebesbeziehung, die Mängel ausgleichen soll. Maren hat ein großes Defizit an Liebe. Ihre Liebesfähigkeit ist beschränkt. Sie gibt und opfert sich auf, um wenigstens den Zipfel wahrer Liebe zurückzubekommen. Sie denkt: „Ich werde nur gemocht, wenn ich mich aufopfere!“ – „Nur wenn ich mich verausgabe, bin ich etwas wert.“

Bei ihm liegen andere Liebesmängel vor. Wie wir bereits sagten, wurde er verwöhnt, will genießen und keine Verantwortung wahrnehmen. Er sucht unbewusst eine „Mutti“, die ihn weiterhin verwöhnt und versorgt. Es wird deutlich: Auch er ist beziehungsabhängig.

4. Beide entwickeln Ängste, verlassen zu werden

Beziehungsabhängigkeit führt oft dazu, dass beide Partner Ängste entwickeln, im Stich gelassen zu werden. Was tun sie daher? Maren überschlägt sich in ihren Bemühungen, den Partner zufrieden zu stellen. Sie opfert sich auf in der Hoffnung, ein Quäntchen Liebe und Dankbarkeit zu empfangen. Ihr Liebestank ist leer. Ihre Sehnsucht ist riesengroß. Nur wenn sie das Letzte gibt, hat sie die Hoffnung, nicht *alles* zu verlieren.

Der junge Mann kann nicht kooperieren. Schuhe putzen, Betten machen, Staub saugen und in der Küche helfen – solche Arbeiten sind ihm völlig fremd. Die Mutter hat geglaubt: Wenn sie für den Sohn alles tut, während ihre eigene Ehe problematisch ist, wird sie vom Sohn Dankbarkeit und Liebe ernten. Ihre Fürsorglichkeit hat sich inzwischen in Wut und Enttäuschung verwandelt.

In Maren hat der junge Mann endlich eine zweite Mutter gefunden, die den alten Lebensstil fortsetzt. Auch ihn treibt die Angst um, die Dienerin und Betreuerin zu verlieren. Mit Kritik und Vorwürfen treibt er sie an, um sie an sich zu binden. Er versteht es, seiner Partnerin Angst zu machen und seine eigene Angst zu überspielen.

5. Beide erwarten alles vom anderen

Genau das ist der Missbrauch der Liebe. Eine solche Liebe – wenn überhaupt von Liebe gesprochen werden kann – ist falsch programmiert. Wer in erster Linie vom anderen erwartet, geliebt, bestätigt, gefüllt und genährt zu werden, wird enttäuscht. Je höher die Erwartungen, desto tiefer die Enttäuschungen. Das ist ein Grundgesetz in zwischenmenschlichen Beziehungen. Er erwartet, verwöhnt und bedient zu werden. Er will haben und kann schlecht geben. Sie erwartet, für ihr Engagement und ihre Opferbereitschaft belohnt zu werden. Und das Ergebnis: Beide enttäuschen sich, weil beide von Erwartungen leben. Liebe will beglücken und schenken. Wenn *beide* das realisieren, wird eine Partnerschaft gut. Wenn allerdings bei beiden die Liebeskammer leer ist, ist die Enttäuschung programmiert.

6. Beide kontrollieren sich gegenseitig

Wer große Erwartungen hegt, muss aufpassen, ob ihm diese Erwartungen auch erfüllt werden. Der junge Ehemann liegt wie ein Schießhund auf der Lauer, ob Maren auch umgehend von ihren Eltern nach Hause kommt und ihm Zuwendung und Fürsorge schenkt. Ständig kontrolliert er ihre Schritte und wird zum Tyrannen. Er will nicht zu kurz kommen und meldet laut seine Bedürfnisse an. Er vergleicht sie ständig mit seiner Mutter und beteuert, dass er mit ihr nicht das große Los gezogen hat. Maren reagiert mit Schuldgefühlen, dass sie seine Wünsche nur unvollkommen befriedigen kann.

Maren rechnet ihm vor, wie wenig sie zurückbekommt. Sie wünscht sich, dass er im Haushalt hilft, mal das Kochen übernimmt, die Waschmaschine bedient und das Treppenhaus putzt. Er hat es von klein auf gelernt, sich mit einleuchtenden Argumenten aus der Affäre zu ziehen. Sie kontrolliert seine Verhaltensmuster und weist ihm nach, dass er sich lieblos drückt. Beide bedauern sich und leiden an mangelnder Liebe, die sie nicht geben können.

7. Beide leben Verhaltensmuster, die sie in der Ursprungsfamilie eintrainiert haben

Der junge Ehemann wurde als Einzelkind von seiner Mutter übertrieben verwöhnt und unselbständig gemacht. Er lernte niemals, zu geben und zu teilen. Er war zum Beispiel nicht in der Lage, seinen Eltern zum Geburtstag und zu Weihnachten kleine Geschenke zu machen. Er hatte gelernt, die Hände aufzuhalten und mit Süßigkeiten, Spielsachen und Geld voll gestopft zu werden. In der Ehe suchte er in erster Linie eine Befriedigung für seine sexuellen Bedürfnisse und wollte wortlos – wie von seiner Mutter – betreut werden.

Maren wuchs im Schatten ihrer begabten Brüder auf. Auf die Söhne waren die Eltern stolz. Beide Eltern lebten in ihren Söhnen das, was sie selbst nicht geschafft hatten. Maren wurde vernachlässigt und fühlte sich von den Eltern um Liebe und Zuwendung betrogen. Schon sehr früh entdeckte sie, dass sie sich durch gute Werke, durch Liebesdienste aller Art, durch Mithilfe im Haushalt und im Garten ein Stück Wohlwollen der Eltern erkaufen konnte.

Maren ist ein eindrückliches Beispiel für die *Sucht*, gebraucht zu werden. Und sie gerät prompt an einen Partner, der diese fatale Abhängigkeit zu seinen Gunsten ausnutzt.

Was wir unter Beziehungsabhängigkeit verstehen

Beziehungsabhängigkeit in Ehe und Partnerschaft beinhaltet die verschiedensten Umgangsmuster, die eine verzerrte Liebe widerspiegeln. Die Muster sind bei Frauen und Männern unterschiedlich. Beide Geschlechter können jedoch mehr aktive oder mehr reaktive Einstellungsmuster leben. In jedem Fall ist die ausgewogene Liebe zwischen den Partnern aus dem Gleichgewicht geraten. Beide begegnen sich mit überhöhten Erwartungen oder mit Wünschen, die die Liebe ersticken.

Im Folgenden sind die wichtigsten Muster des Zusammenspiels aufgeführt, die die Beziehungsfähigkeit schmälern oder unmöglich machen. Als Betroffene können Sie mit dem Fragebogen Ihre negativen Zusammenspiel-Praktiken ausfindig machen. Welche Verhaltensweisen Ihres Partners/Ihrer Partnerin belasten Ihre Liebe? Gibt es bei Ihnen Eigenschaften, die Ihrem Gegenüber zu schaffen machen?

Hinweise zum folgenden Fragebogen: Was sind Beziehungsabhängige?

1. Hier sind wesentliche Eigenschaften von Beziehungsabhängigen formuliert. Selbstverständlich sind nicht alle Einstellungen und Verhaltensmuster genannt, die Beziehungsabhängige praktizieren.
2. Nicht alle Aussagen müssen auf eine Beziehungsabhängigkeit zutreffen. Da wir Menschen verschieden sind, sind auch unsere Umgangsmuster und Strategien verschieden.
3. Sind Sie bereit, die Aussagen von Ihrem Partner/Ihrer Partnerin beurteilen zu lassen, indem der andere ankreuzt, was für Sie zutrifft? Das wäre sicher eine weitere Hilfe für Sie, die Verhaltensmuster in Ihrer Ehe klarer zu erkennen.
4. Ist Ihr Partner/Ihre Partnerin umgekehrt bereit, den Fragebogen für sich auszufüllen und die Aussagen von Ihnen beurteilen zu lassen, die für ihn/sie zutreffen?
   - Streiten Sie nicht über die Ergebnisse!
   - Begegnen Sie dem anderen so, dass Sie sagen: „Interessant, was dir aufgefallen ist. Was denkst du darüber?"
   - Vorwürfe und Anklagen setzen das alte Zusammenspiel fort.
   - Die entscheidende Frage lautet: „Was wollen wir beide ändern?"
5. Wenn Sie die Liste der Partnerreaktionen durchgehen: Welche Aussagen berühren Sie am stärksten?
   - Wenn sich Schwierigkeiten in Ihrer Partnerbeziehung herausstellen: Haben Sie einen Grund oder mehrere in den Aussagen gefunden?
   - Ist einer oder sind Sie beide überzeugt, dass Sie ein problematisches Zusammenspiel besprechen und aufarbeiten sollten?
   - Wenn Sie sich für eine Kurskorrektur entscheiden, beginnen Sie mit *einer* Schwierigkeit!
   - Besprechen Sie Ihre Beziehungsschwierigkeiten mit einem Seelsorger oder mit einem Berater (männlichen oder weiblichen Geschlechts), wenn Ihnen die Hintergründe und Konfliktmuster unklar sind.

Was sind Beziehungsabhängige?

- ❍ Partner, die wechselseitig über Gebühr ungesund voneinander abhängig sind.
- ❍ Partner, die unnötig für den anderen Verantwortung übernehmen.
- ❍ Partner, die dem anderen über Gebühr Aufgaben abnehmen.
- ❍ Partner, die sich für das Glück des anderen verantwortlich fühlen.
- ❍ Partner, die abhängig und unfrei auf den anderen reagieren.
- ❍ Partner, die jemand suchen, um den sie sich kümmern müssen.
- ❍ Partner, die unglücklich miteinander verstrickt sind.
- ❍ Partner, die Liebe mit Selbstsucht verwechseln.
- ❍ Partner, die sich aufopfern, um geliebt zu werden.
- ❍ Partner, die nicht nein sagen können.
- ❍ Partner, die bewusst oder unbewusst kontrollieren und manipulieren.
- ❍ Partner, die immer um den anderen kreisen und ihre eigenen Bedürfnisse vernachlässigen.
- ❍ Partner, die ihre Selbständigkeit aufgeben und sich hörig machen.
- ❍ Partner, die aus Sorge um andere Menschen krank werden.
- ❍ Partner, die ständig Schuldgefühle entwickeln, nicht genug für den anderen getan zu haben.
- ❍ Partner, die ständig auf das Verhalten des anderen mit Angst, Mitleid und Schuldgefühlen reagieren müssen.
- ❍ Partner, die sich für alle Konflikte selbst die Schuld geben.
- ❍ Partner, die sich als Opfer von Geringschätzung, Verlassenheit und emotionalem Missbrauch fühlen.
- ❍ Partner, die sich einreden, nichts richtig zu machen.
- ❍ Partner, die sich selbst Wert verschaffen, indem sie anderen helfen.
- ❍ Partner, die Angst haben, verlassen zu werden.
- ❍ Partner, die glauben, dass der andere nie für sie da ist.
- ❍ Partner, die sich selbst nicht leiden und nicht lieben können.
- ❍ Partner, die ihren Gefühlen, ihren Entscheidungen und anderen Menschen nicht vertrauen.
- ❍ Partner, die Angst davor haben oder beschämt sind, andere wütend und ärgerlich zu machen.

2

Was Beziehungsabhängige kennzeichnet

Beziehungsabhängige sind wunderbare und gleichzeitig erdrückende Menschen.
Sie wissen,

- was gut für den anderen ist,
- wie man sich fürsorgend um andere kümmert,
- was der andere fühlt und braucht, auch wenn er es nicht weiß,
- wie man helfen und beeinflussen kann und den anderen im Griff hat.

Sie wissen nicht,

- dass sie manipulieren, erdrücken und einengen,
- dass ihre Verantwortung den anderen entmündigt und hilflos macht,
- dass sie den Partner zum Opfer ihrer so genannten Liebe machen.

Die überforderte Kümmerfrau

Frau Gabriel, etwa vierzig Jahre alt, ist aktives Mitglied ihrer freikirchlichen Gemeinde. Sie ist verheiratet, hat drei Kinder im Alter zwischen zwölf und sechzehn Jahren. Seit Jahren hat sie einen Spitznamen: die „Kümmerfrau". Frau Gabriel kümmert sich um alles. Viele Gemeindemitglieder suchen sie auf, rufen sie an, kommen teilweise völlig überraschend und unangemeldet. Frau Gabriel ist immer für andere zu sprechen. Ihr Haushalt kann Kopf stehen, ihre Kinder zu Hause Chaos verbreiten – sie hat ein Prinzip: Die anderen gehen vor. Sie glaubt: Christus hat sie in Dienst gestellt, für Nöte, Probleme, Ratschläge und kluge Entscheidungen zur Verfügung zu stehen. Sie kümmert sich, kann ohne Ende geben und lässt sich auf jeden Menschen ein.

Nach dem Gottesdienst am Sonntag kommt sie erst spät nach Hause. Das Essen, die Kinder und der Mann können warten. Ohne Absprache räumt sie liegen gebliebene Liederbücher zusammen, stellt im Gottesdienstraum alle Stühle wieder in Reih und Glied, räumt die Küche auf und hilft mit, das schmutzige Geschirr zu spülen. Jeder bemüht sie, jeder beutet sie aus. Jeder weiß, dass sie sich für alle Zeit nimmt – nur nicht für sich und für ihre Angehörigen. Ihr geistliches Leitmotiv lautet: „Erst kommen die anderen, dann kommt meine Familie. Ich komme zuletzt." Frau Gabriel strahlt alle Menschen an, mit einem echt wirkenden Lächeln.

Eines Tages bricht sie lautlos zusammen. Ein Nervenzusammenbruch, sagen die Gemeindemitglieder. Sie wird ins Krankenhaus gefahren, bekommt Spritzen, kommt an den Tropf, es geht ihr elend. Als sie nach einigen Wochen entlassen wird, kommt sie in die Beratungspraxis. Eine völlig veränderte Frau.

Das Lachen ist ihr vergangen. Sie schaut misstrauisch und feindselig.

„Ich kann nicht mehr so leben", sagt sie, „ich habe alles gegeben. Ich habe mich total verausgabt, und das ist jetzt der Dank dafür. Meine Kinder sind in der Schule schlecht, und mein Mann hat mir vorige Woche gestanden, dass er eine Geliebte hat. Was habe ich nur falsch gemacht?"

An dieser Stelle will ich nicht die Therapiegeschichte erzählen. Deutlich ist die Situation, in die Frau Gabriel sich gebracht hat. Sie zeigt als „Kümmerfrau" eine typische Haltung des Beziehungsabhängigen. Beziehungsabhängige haben das unbedingte Gefühl, sich um andere kümmern zu müssen. Sie fühlen sich von Menschen in Not magisch angezogen. Grenzenlos können sie helfen, raten und zupacken, bis sie selbst an Überforderung auf der Strecke bleiben.

Der Nervenzusammenbruch ist ein wesentlicher Einschnitt. Wenn die Nerven aus dem Ruder laufen und die Kräfte erlahmen, dann kann Hilfe einsetzen. Der Nervenzusammenbruch ist die

Sprache des Körpers, der sagt: Ich kann nicht mehr, ich bin total überfordert. Viele so genannte Helfertypen verkennen ihre Selbstaufopferung. Der Zusammenbruch schreckt sie auf. Dann erst beginnt bei den meisten ein Umdenken. So ein heilsamer Einschnitt ist notwendig.

Denn das Schlimme – Beziehungsabhängigkeit ist kein Stress, der für Tage oder Wochen anhält. Etwa, dass es dem Beziehungsabhängigen besser geht, wenn er gut geschlafen hat. Nein, sein Glück, seine Zufriedenheit und seine innere Harmonie bleiben auf der Strecke. Beziehungsabhängigkeit kann tödlich sein. Die Überforderung kann erbarmungslos zuschlagen. Denn in der Regel bessern sich die äußeren Umstände nicht.

Beziehungsabhängigkeit ist eine *innere Einstellung*. Sie ist ein Lebensstilproblem.

Mein Lebensstil ist

- meine Lebens- und Glaubenseinstellung,
- mein subjektives Denken, Fühlen und Handeln,
- meine innere Überzeugung, wie ich anderen Menschen begegnen muss,
- meine Auffassung, wie ich denke über: helfen, Sorgen anderer tragen und Verantwortung für andere übernehmen.

Der Lebensstil des Beziehungsabhängigen lautet: „Ich muss mich um andere kümmern, um mir Anerkennung zu verschaffen. Gott hat mich für sie berufen. Ich opfere mich auf, um ihnen zu dienen."

Frau Gabriels Kindheit

Die Lebensgeschichte von Frau Gabriel zeigt, wie sie zur „Kümmerfrau" und zur Beziehungsabhängigen geworden ist. Ihr Vater war ein tüchtiger Bauunternehmer. Im Allgemeinen ging es der Branche seit Jahren schlecht. Aber Frau Gabriels Vater war ein Genie, ein Tausendsassa. Von morgens bis in die Nacht war er auf Achse. Bauwillige kannte er reichlich. Er suchte sie auf, brachte viel Zeit mit und überredete sie, ein Reihenhaus oder ein allein stehendes

Haus zu bauen. Ihr Vater konnte reden und überzeugen. Er glaubte, was er sagte. Der Familie ging es materiell sehr gut. Drei Autos standen in großen Garagen. Ein Schwimmbad mit Hallenbad lockte zum Schwimmen. Der Vater tat für seine Familie alles. Er opferte sich auf und bescherte allen materiellen Wohlstand.

Die Mutter war auch ständig unterwegs. Sie gab das Geld aus, das der Mann verdiente. Sie hatte zig Kleider, die sie gar nicht alle anziehen konnte, schmückte sich mit Pelzen und kostbarem Schmuck. Sie lud oft Gäste ein und war häufig allein bei anderen eingeladen, um den Reichtum vorzuführen.

Frau Gabriel ging emotional leer aus. Sie bekam reichlich Taschengeld, alle ihre materiellen Wünsche wurden erfüllt, nur ihre Seele blieb leer, ihr Herz unausgefüllt. Sie sehnte sich nach Liebe, Verständnis, Austausch und Zärtlichkeit. Aber sie bekam nichts.

Schließlich entdeckte sie: „Wenn du – mein Vater – dich um andere bemühst, wenn du strahlst und hilfst, wenn du dich um andere kümmerst, dann bekommst du etwas zurück." Das wurde für sie zu einem Lebensmotto, das ihre künftigen Beziehungsmuster nachhaltig prägte.

Ein emotional leeres Herz schafft Beziehungsabhängige. Ein vernachlässigtes Mädchen sucht eine Ersatz-Liebe. Eine schwere Störung in der Ursprungsfamilie produziert Gestörte.

Frau Gabriel ist emotional auf der Strecke geblieben. Sie ist als Kind zu kurz gekommen. Sie sehnte sich nach Liebe und Zuwendung und bekam nur materielle Werte, die das Herz nicht füllten, die die Seele kalt ließen.

Ihre Ursprungsfamilie war eine Katastrophe. Der Vater konnte zwischenmenschliche Beziehungen nicht pflegen. Er hatte keine Zeit, sein Kind auf den Schoß zu nehmen, mit ihm zu spielen und spazieren zu gehen. Die Mutter nahm sich ebenfalls kaum Zeit für die Tochter. Sie litt genauso an seelischer Unterernährung. Sie gab Geld aus, um ihr unbefriedigtes Inneres zu füttern. Sie kaufte sich viele Kleider, um wenigstens das Äußere zu pflegen. Beide Eltern waren liebesunfähig und vernachlässigten das heranwachsende Kind. Beide Eltern versündigten sich an dem Mädchen.

Frau Gabriel gewinnt eine neue Lebensperspektive

Als ich Frau Gabriel einige Wochen nach ihrem Zusammenbruch kennen lernte, begegnete mir eine verbitterte und enttäuschte Frau. Sie hatte fünfzehn Pfund abgenommen, stand unter Medikamenten und hatte jede Lebensperspektive verloren. Sie war mit der Familie, mit der Welt und mit Gott zerfallen. Ihre Hauptfrage lautete: „Was habe ich falsch gemacht? Braucht Gott nicht unsere Mithilfe in dieser Welt? Ich habe von klein auf gehört: ‚Wir sind Gottes Füße und Hände in dieser Welt.'"

Frau Gabriel schimpfte auf ihre Familie, auf die Gemeinde und auf Gott. Ihre fröhliche und Mut machende Grundstimmung hatte sich in Resignation verwandelt. Sie fühlte sich von Gott nicht bestätigt, sondern verraten.

Frau Gabriel kam etwa fünfundzwanzigmal zu Gesprächen, und zwar während eines Jahres. Fünfmal kamen ihre Kinder mit, sechsmal ihr Mann zu Paargesprächen. Mann und Kinder waren sehr betroffen gewesen, als Frau Gabriel vom Notarzt in die Klinik eingewiesen worden war. Zu Hause war in der Zeit alles drunter und drüber gegangen, weil Mann und Kinder nicht mit dem Haushalt zurechtkamen. Frau Gabriel hatte schon auf eigenen Wunsch die Klinik verlassen wollen, doch der Chefarzt hatte ihr klargemacht, dass ihr Zusammenbruch mit einer Überverantwortung zusammenhing. Welche Aspekte waren für Frau Gabriel im Beratungsprozess eine Hilfe?

Aspekt Nr. 1: In der Klinik gewann Frau Gabriel die Einsicht, dass an ihrem Lebenskonzept etwas falsch war und sie ernsthaft mit einem Berater über ihre problematische Lebensführung reden sollte. Nach dem Klinikaufenthalt setzte Frau Gabriel diesen Entschluss in die Tat um. Sie gestand sich ein: „Ich bin am Ende, alle meine Ideale sind zerbrochen."

Aspekt Nr. 2: Frau Gabriel erkannte, dass ihre Aufopferung für andere in erster Linie dazu diente, sich Bestätigung und Anerkennung zu verschaffen, die sie in ihrer Ursprungsfamilie nicht erhalten hatte. Auch in der eigenen Familie hatten die Kinder und ihr Mann ohne Dank selbstverständlich ihre Dienste in Anspruch genommen. Sie fühlte sich als Putz- und Waschfrau und von der Familie nicht ernst genommen. In der Gemeinde hatte sie versucht, sich unentbehrlich zu machen. Dort wurde sie gebraucht und geachtet. Sie hatte ihre Energien für andere verströmt und der eigene Mann hatte sich von ihr abgewandt.

Aspekt Nr. 3: Frau Gabriel musste in erster Linie etwas für andere *tun*. Emotionale Zuwendung zu geben, fiel ihr schwer. In ihrer Ursprungsfamilie wurden keine Gefühle und Zärtlichkeiten ausgetauscht, keine Nähe gesucht. Das *Tun* für andere hatte Frau Gabriel von ihrem Vater abgeschaut. Mit ihm identifizierte sie sich. In der *Leistung* für andere fand sie ihre Selbstbestätigung.

Aspekt Nr. 4: Frau Gabriel hatte sich als bewusste Christin ein Lebenskonzept zurechtgelegt, das auf Leistung gegründet war: „Nur wer etwas leistet, wird von Gott akzeptiert und geliebt." In ihren Augen muss sich der Glaube in Taten der Liebe beweisen. Dieser Kerngedanke ist nicht falsch, wurde aber von ihr zu absolut gesetzt, weil sie an ihrem eigenen Wert zweifelte und Selbstvertrauen nur durch Selbstüberforderung erreichen konnte.

Aspekt Nr. 5: In einigen Familiensitzungen besprachen wir zusammen mit ihrem Mann und ihren Kindern Rechte und Pflichten aller Familienmitglieder. Frau Gabriel erkannte ihre Überverantwortung, sie hatte ihren Kindern und ihrem Mann deren Verantwortung beschnitten. Sie dachte über ihren Lebensirrtum nach, der lautete: „Nur wenn ich für andere alles tue, werde ich von ihnen geliebt." In abgesprochenen „Hausaufgaben" wurde eine wichtige Lebensstil-Korrektur eingeleitet. Denn Einsicht geschieht nicht nur über den Kopf, sondern auch durch Erfahrungen, die wir machen.

Aspekt Nr. 6: Frau Gabriel gewann die Überzeugung, dass sie mit ihrem Perfektionismus die Mitarbeit der Kinder und des Mannes abwertete. In ihren Augen arbeiteten sie nicht gründlich und gewissenhaft genug. Sie machte lieber alles selbst, dann war es so, wie sie es sich gedacht hatte. Überverantwortung und Perfektionismus hatten ihre Grundeinstellung verstärkt: „Wenn du alles sehr gut machst, wird dich niemand kritisieren, und du erntest Zuwendung und Liebe."

Aspekt Nr. 7: Frau Gabriel war durch den Zusammenbruch in eine tiefe menschliche und geistliche Krise geraten. Sie litt unter Depressionen und unter der Vorstellung, Gott habe sie für ihren unermüdlichen Einsatz auch noch bestraft. In den Gesprächen wurde ihr zunehmend die Gewissheit geschenkt, dass Nachfolge nichts mit Selbstüberforderung, Überanstrengung oder Einsatz bis zur Erschöpfung zu tun hat. Jesu Nachfolger müssen sich für Gott nicht seelisch und körperlich verausgaben.

Aspekt Nr. 8: Frau Gabriels Ehe stand vor der Auflösung, als sie die Klinik verließ. Ihr Mann hatte seit etwa einem Jahr eine Geliebte. Er versuchte sich als Christ damit zu rechtfertigen, dass sich seine Frau seit zwei Jahren sexuell verweigerte, weil sie überarbeitet war.

Frau Gabriel spiegelte die typische Beziehungsabhängigkeit wider, indem sie sich nur selbst leiden konnte, wenn sie für den Partner, die Kinder und viele Gemeindemitglieder ein aufopferungsvolles Leben führte. Nervlich war sie ein Wrack und zu wirklicher Liebe unfähig. Da sie überzeugt war, Liebe nur durch Überaktivität für andere gewinnen zu können, hatte ihr Mann die Ehe praktisch aufgegeben. Er war ein verwöhntes „Muttersöhnchen" und hatte mit sicherem Griff die „Kümmerfrau" gefunden, die für andere das Letzte gibt. Nur der Kinder wegen wollte er sich nicht scheiden lassen.

Als Frau Gabriel den Satz: „So, wie ich bin, bin ich gut genug!", glauben und beherzigen konnte, vollzog sich ein spürbarer Wandel in ihrem Leben. Sie konnte ihren Perfektionismus verringern, kam ohne Tabletten zurecht, ihr Mann wandte ihr wieder seine Liebe zu und die Kinder übernahmen im Haushalt und beim Lernen für die Schule mehr Verantwortung.

An dieser Geschichte wird deutlich: Die Veränderung eines Menschen mit Beziehungsabhängigkeit ist ein Problem des Betroffenen selbst und erfordert die Mitarbeit der nächsten Angehörigen. Einsicht und Veränderung gelingen leichter, wenn die Betroffenen als Christen ihre Defizite erkennen.

Frau Gabriel ist *ein* Beispiel für Beziehungsabhängigkeit und ihre

Konsequenzen in Ehe und Familie. Im Folgenden werden weitere Eigenschaften beziehungsabhängiger Menschen charakterisiert, die es bei Frauen und Männern geben kann.

Die zwölf wichtigsten Kennzeichen des Beziehungsabhängigen

Kennzeichen Nr. 1: Beziehungsabhängige wissen, was für den anderen das Beste ist

Diese Haltung kann man auch so beschreiben: „Ich weiß, was du brauchst!“ – „Ich weiß, was für dich gut ist.“ – „Ich will nur dein Bestes.“

Eigensüchtige und egoistische Liebesbezeugungen erdrücken den Partner.

Einer der unbewusst verlogensten Sätze, die ich kenne, ist der Ausspruch: „Ich will nur dein Bestes.“ Eltern, die das Beste für ihr Kind wollen, entscheiden nach *ihren* Vorstellungen und stülpen *ihre* Pläne den Kindern über. Häufig ernten sie Ablehnung, Streit und Rückzug. Aber sie wollen ja das Beste für den anderen. Es ist längst zum geflügelten Wort geworden: „Gut gemeint ist nicht immer gut.“

- Gut gemeint ist oft egoistisch,
- gut gemeint ist häufig falsche Fürsorge,
- gut gemeint ist dann eine höfliche Umschreibung für Manipulation.

Besonders extrovertierte Menschen suchen Kontakte, brauchen sie, leben vom Gespräch und dem Austausch. Sie machen einen Fehler, wenn sie

- sich anbiedern,
- sich aufdrängen,

- den anderen beanspruchen,
- das Gegenüber klammern,
- dem anderen die Luft zum Atmen nehmen,
- dem Partner die Freiheit nehmen.

Sie glauben, dem Partner einen Gefallen zu tun. Viele spüren nicht, dass sie im Grunde nur ihre eigenen Bedürfnisse befriedigen. Der Partner spürt die Absicht und ist verstimmt. Liebe, die den anderen – in guter Absicht – beleidigt, kränkt oder schädigt, ist eine fragwürdige Liebe.

Kennzeichen Nr. 2: Beziehungsabhängige sind „Helfertypen"

Menschen, die helfen und verantwortungsvoll zupacken, wenn Not aufbricht, wenn andere leiden, selbstverschuldet oder unverschuldet in Bedrängnis geraten sind, handeln selbstverständlich nicht beziehungsabhängig. Sie praktizieren echte Nächstenliebe, wie sie im Neuen Testament gefordert wird. Sie können zwischen Dienst, der notwendig ist, und Hilfe, die aufgedrängt wird, unterscheiden. Solche Helferdienste sind gesund und normal.

„Helfertypen" haben Schwierigkeiten, diese Unterscheidung zu treffen. Wir finden sie in allen Berufen, wo es um Menschen geht. Sie können

- entscheiden,
- führen,
- Verantwortung übernehmen,
- Probleme lösen,
- das Leben der anderen in die Hand nehmen.

Helfende Berufe sind not-wendig. Eine Schattenseite der Menschen in helfenden Berufen ist, dass sie sich unter Umständen

- zu viel um andere kümmern,
- zu viel Verantwortung übernehmen,
- zu viel für andere Probleme lösen wollen,
- zu viel das Leben der Betreuten in die Hand nehmen.

Sie meinen es gut und drängen sich auf. Ungefragt packen sie zu.

Auch ihre Ratschläge sind gut gemeint, aber nicht gut. Das Gegenüber wird entmündigt. Die Schwäche des Betreuten wird unbewusst ausgenutzt. So kommt es, dass viele Hilfsbedürftige sich laut oder leise gegen ihre Wohltäter auflehnen.

Der Helfertyp hat ein sicheres Empfinden für die Hilfsbedürftigkeit von anderen. Das folgende Beispiel aus der Eheberatung macht das deutlich.

Eines Tages kommt eine Frau zu mir, die mir folgendes Problem beschreibt:

„Ich habe in der Liebe Pech. Immer wieder gerate ich an den Falschen. Sehen Sie, ich bin sechsunddreißig Jahre alt, habe inzwischen etliche Beziehungen gehabt, und alle sind gescheitert. Die letzte dauerte ganze zwei Jahre, dann war ich am Ende. Was mache ich falsch?"

Ich: „Sie sagten, Sie hätten schon etliche Beziehungen gehabt. Vielleicht schauen wir uns Ihre letzte an und fragen uns, was die Beziehung ausgemacht hat."

Sie: „Ich kann mich noch genau daran erinnern, wie ich den Mann kennen lernte. Es war auf der Post. Ich bin Chefsekretärin mit einer großen Verantwortung in einer kleinen Firma. Der Chef vertraut mir. Er überlässt es mir, Entscheidungen in seinem Namen zu treffen, wenn er nicht da ist. Als ich an dem Tag nach Feierabend Briefe und Pakete am Postschalter abliefern wollte, stand ein Mann etwas hilflos und ratlos neben mir. Er fragte mich, ob ich ihm helfen könnte, einen Einschreibbrief korrekt zu verschicken. Da ich das alle Tage mache, habe ich ihm den Brief aus der Hand genommen, und im Handumdrehen war alles erledigt."

Ich: „Und weiter?"

Sie: „Ja, das ist das Problem. Der Mann wollte sich mit einer Tasse im Café nebenan bedanken, und ich sagte zu. Er war nicht besonders gekleidet, hatte sich nicht rasiert und machte auf mich einen etwas hilflosen Eindruck."

Ich: „Und Sie hatten das Gefühl, ihm helfen und beistehen zu sollen!"

Sie: „So ähnlich war es. Ich kann an hilfsbedürftigen Menschen nicht vorbeigehen. Sie riechen geradezu, dass ich für sie der richtige Partner bin. Er ist zu mir gezogen, er war arbeitslos, hatte im Gefängnis gesessen. Und ich habe ihn betreut, bis ich nicht mehr konnte und wollte."

Die Chefsekretärin ist eine Beziehungsabhängige, ein „Helfertyp". Sie zieht Hilflose, Schwache und Bedürftige an, um sie zu beherrschen. Ihre Liebe beruht nicht auf Gleichwertigkeit, sondern auf Überlegenheit. Ihre versteckte Motivation ist *Herrschsucht.* Sowie sich der schwache Partner aus seiner Defizitrolle befreien will, beginnen die Paarkonflikte. Sie braucht die Schwachen und Abhängigen, damit sie ihre „Liebe" entfalten kann.

Ihre erste Liebe war ein Student, für den sie die Diplom-Arbeit schrieb. Er war unsicher, ängstlich und dankbar, dass sie ihm half und ihn aufbaute. Als er allerdings sein Studium beendet und erheblich an Selbstvertrauen gewonnen hatte, riss er sich von der übermächtigen Frau los. Er wollte nicht entmündigt werden.

Die Beziehungsabhängigkeit der Frau besteht darin, dass sie schwache und hilfsbedürftige Menschen braucht, um sich bestätigen zu können.

Menschen mit Helfereigenschaften sind beispielsweise in sozialen Einrichtungen ein Segen, solange sie nicht

- anderen Menschen ihre Hilfe aufdrängen,
- andere Menschen entmündigen,
- andere Menschen manipulieren.

Sind Sie ein „Helfertyp"? Der folgende Fragebogen kann zur Klärung beitragen. Füllen Sie ihn am besten ohne langes Überlegen aus.

Menschen, die gern helfen – Ein Selbsterforschungsbogen

	stimmt nicht	stimmt
Ich werde von anderen als Helfertyp bezeichnet	❍	❍
Ich trage gern für andere die Verantwortung	❍	❍
Ich löse gern für andere ihre Probleme	❍	❍
Ich ertappe mich häufig dabei, für andere zu denken	❍	❍
Ich möchte im Leben gebraucht werden	❍	❍
Ich habe oft das Gefühl, ich muss mich um andere kümmern	❍	❍
Ich leiste häufig mehr, als von mir verlangt wurde	❍	❍
Ich habe bei anderen nicht selten das Gefühl, dass sie hilflos sind	❍	❍
Ich sehe die Bedürftigkeit bei anderen und packe zu, ohne lange zu fragen	❍	❍
Ich mache mir viele Sorgen um andere	❍	❍
Ich muss helfen, um mich wohl zu fühlen	❍	❍
Ich neige dazu, zu sagen: Deine Probleme sind meine Probleme	❍	❍
Ich fühle mich für das Wohlergehen und das Schicksal anderer verantwortlich	❍	❍
Ich bekomme schnell Schuldgefühle, wenn ich nicht helfe	❍	❍
Ich habe ein sicheres Gefühl für das, was der andere braucht	❍	❍
Ich fühle mich nicht selten unbehaglich, wenn ich beschenkt werde	❍	❍
Ich halte es für meine Pflicht, mich um andere zu kümmern	❍	❍
Ich helfe gern, es stärkt mein Selbstwertgefühl	❍	❍
Ich erlebe ab und zu Undankbarkeit, wenn ich mich kümmere	❍	❍
Ich helfe gern, fühle mich aber auch ausgenutzt	❍	❍

Zur Auswertung Ihrer Antworten:

1. Wie viel Mal haben Sie „stimmt“ im Selbsterforschungsbogen angekreuzt?
2. Was ist an Ihren Antworten, die Sie mit „stimmt“ angekreuzt haben, unter Umständen problematisch?
3. Bei welchen Menschen und in welchen Situationen wurde Ihr Helferhandeln nicht positiv aufgenommen?
4. Benutzen Sie unter Umständen Ihre Helferfunktion, um Ihr Selbstbewusstsein aufzuwerten?
5. Reagieren Sie ab und zu enttäuscht und traurig, wenn Ihre Hilfe nicht angenommen wurde?
6. Wenn Sie sich auf Ihr Christsein berufen: Sind Sie überzeugt, dass Ihre Aktivität dem Gebot Christi entspricht?
7. Wenn Ihnen Ihr Helfer-Engagement fragwürdig erscheint: Welche Schritte wollen Sie unternehmen, um eine eventuelle Beziehungsabhängigkeit zu verringern?

Kennzeichen Nr. 3: Beziehungsabhängige können sich nicht abgrenzen

Manche Menschen überfordern sich leicht, weil sie auf jede Not in ihrer Umgebung hellhörig reagieren. Es fällt ihnen leicht, ihre eigenen Bedürfnisse zurückzustellen. Sie haben ein weiches Herz und gehen empfindsam auf alle Bedürfnisse der anderen ein. Diese Menschen werden geachtet und genießen in ihrer Umgebung hohes Ansehen.

Die Schattenseite dieser Menschen in Ehe oder Partnerschaft: Sie können von Bedürftigen, die sie magisch anziehen, aufgesaugt und ausgenutzt werden. Nicht nur Frauen, auch Männer, die ihrem Wesen nach mitfühlend sind, geraten in diese „Mitleids-Falle“. Ihre Partnerwahl wird unter Umständen nicht in erster Linie von Liebe bestimmt, sondern von Mitleid.

Abhängigkeit hat viele Gesichter und viele verschiedene Motive. Abhängige Menschen, die von Sympathie, Wohlwollen, Zufriedenheit oder Reibungsfreiheit mit anderen Menschen abhängig sind, können keine Grenzen setzen.

- Sie lassen sich verstricken.
- Sie lassen sich überreden.
- Sie lassen sich Schuldgefühle machen.
- Sie reagieren mit einem schlechten Gewissen.

Das ist nicht einfach eine Charakterschwäche, es ist eine problematische Lebenseinstellung. Abhängige Menschen lassen sich in die Verantwortung nehmen und sind schnell überfordert. Der Partner weiß, wie er den Abhängigen im Schlepptau behält. Der Abhängige klebt am anderen und lässt sich in Dienst stellen. Er kann daher vom Partner gnadenlos ausgenutzt werden. Um den anderen nicht zu verlieren, lässt er sich ausbeuten. Er lässt sich Dienste und Arbeiten zumuten, die unter seiner Würde sind. Im Grunde ist der Abhängige ein Sklave seiner falschen Lebens-Grundeinstellung.

Sein Lebensmotto lautet:

- Ich muss gefallen,
- ich will gebraucht werden,
- ich muss geliebt werden.

Wer als Kind vernachlässigt wurde, wer Liebe und Zuwendung nicht erfahren hat, läuft unter Umständen sein Leben lang hinter Liebe und Zuneigung her. Jedes Opfer ist ihm recht. Hauptsache, er wird nicht ausgegrenzt und fortgestoßen.

Der Abhängige mit dieser Eigenschaft erinnert an einen Hund, der häufig von seinem Herrn verprügelt wird, aber mit eingezogenem Schwanz immer wieder zu ihm zurückkehrt. Ohne seinen Herrn ist er heimatlos und herrenlos. Auf Gedeih und Verderb hat er sich an diesen Menschen gekettet.

Sich abzugrenzen, fällt auch vielen Eltern schwer. Sie buhlen um ihre Kinder, sie geben nach und werden dafür bestraft. Eltern, die von Liebe und Anerkennung abhängig sind, schimpfen laut, lassen aber den Kindern ihren Willen. Sie wehren sich verbal, geben aber im entscheidenden Augenblick nach. Kinder lernen aus den Konsequenzen, die wir nicht ziehen. Wer solche Schwächen spürt, muss handeln. Wer von Abgrenzungsschwierigkeiten heimgesucht wird, muss gut überlegen, wie er sich schützen kann.

Kennzeichen Nr. 4: Beziehungsabhängige praktizieren ein überhöhtes Verantwortungsgefühl

Wer Verantwortung übernimmt, praktiziert eine lobenswerte Tugend. In der Familie, in der Gemeinde und in der Gesellschaft brauchen wir Menschen, die gern Verantwortung übernehmen. Der Verantwortliche

- überlässt nicht anderen die Entscheidung,
- schiebt nicht ängstlich die Aufgaben auf andere,
- stellt sich der Kritik,
- ist bereit, Fehler zu machen.

Das ist gut so.

Nun gibt es allerdings Menschen, die anderen die Verantwortung abnehmen und dabei als die Überlegenen handeln. Gewollt oder ungewollt entmachten sie Partner, Kinder und Mitarbeiter. Sie drängen sich auf und entmündigen den anderen. Geschieht es in der Kindererziehung, wachsen häufig Jugendliche heran, die sich später wieder das Heft aus der Hand nehmen lassen. Sie suchen Partner, die für sie die Verantwortung übernehmen. Der Kreislauf der Beziehungsabhängigkeit setzt sich fort.

Kennzeichen Nr. 5: Beziehungsabhängige erleben sich als Opfer

Bei einem Seminar, wo meine Frau und ich als Mitarbeiter tätig waren, wurde ein Mal-Nachmittag veranstaltet. Das Thema lautete: „Ich male mein Gottesbild." Jeder hatte für sein Bild den ganzen Nachmittag frei. Am Abend saßen wir im großen Kreis zusammen. Jeder legte sein gemaltes Bild vor sich hin und berichtete, was er empfunden hatte und mit Farben ausdrücken wollte.

Ein Teilnehmer hatte sich einen großen Pappbogen zurechtgeklebt, etwa fünfzig Zentimeter breit und über einen Meter hoch. Als er das Bild für alle sichtbar hochhielt, waren zwei riesige lederne Stiefel zu erkennen, nahezu einen Meter hoch. Davor ein kleines Männchen, vielleicht zehn Zentimeter groß. Der Seminarteilnehmer hatte dem Bild auch einen Titel gegeben: „Der Allmächtige und ich."

Das winzige Männchen vor dem übermenschlichen Stiefel hatte keine Hände. So fühlte sich der Teilnehmer. „Ich bin ein Opfer, ich bin hilflos", waren seine Gedanken zum Gottesbild in seiner Vorstellung.

Dann erzählte er, dass sein Vater ein hoher Offizier im Generalstab gewesen war. Er hatte von seinen Kindern extremen Gehorsam gefordert. Jedes Fehlverhalten war hart bestraft worden. Zwei seiner Brüder waren zu hartgesottenen Rebellen geworden. Einer landete sogar für zwei Jahre im Gefängnis. Der Mann selbst fühlte sich als Versager und Opfer. Die Schule hatte er abgebrochen und zwei Lehren geschwänzt. Jetzt arbeitete er als Hilfsarbeiter und wurde von Kollegen und Vorgesetzten gehänselt und ausgebeutet. Alle Drecksarbeiten, die keiner erledigen wollte, blieben an ihm hängen.

Der Mann hatte sich in der Familie als Opfer erlebt und sich in die Opferrolle hineingesteigert. Im „Allmächtigen" sah er den unbarmherzigen Herrn der Welt, der mit seinen überdimensionalen Stiefeln die Menschen zerquetschen kann.

Kennzeichen Nr. 6:
Beziehungsabhängige wollen es jedem recht machen

Es sind zweifellos Menschen, die „ankommen". Ihre verbindliche und zuvorkommende Art wird geschätzt. Sie vermeiden Konflikte, gehen jedem Ärger aus dem Weg und nehmen selbst Außenseiter in Schutz. Für jede Unverschämtheit finden sie eine Entschuldigung und versuchen zunächst, das Positive in anderen zu sehen. Jedem Streit gehen sie aus dem Weg, weil sie Harmonie um jeden Preis wollen. Sie machen glücklich und werden selbst unglücklich.

Denn: „Wer es jedem recht machen will, sitzt zwischen allen

Stühlen." Es ist eine Kunst, die niemand beherrscht, eine Kunst, die Menschen scheitern lässt. Der Anspruch ist zu hoch, die Zielsetzung unrealistisch.

Ein kluger Mann hat das wahre Wort formuliert: „Ich kann Ihnen keine Formel für Erfolg geben, aber die Formel für Misserfolg kann ich Ihnen nennen – versuchen Sie, es jedem recht zu machen."

Was steckt dahinter, dass so viele Menschen sich sorgen und darüber grübeln, wie sie es anderen Menschen recht machen können? Warum wollen sie alle Menschen zufrieden stellen? Ein paar mögliche Antworten:

Antwort 1: Sie brauchen die Anerkennung von allen

Sie wollen geschätzt, akzeptiert und gemocht werden. Sie können es nicht ertragen, dass jemand etwas Kritisches denken könnte. Wer auf die Bewunderung und Anerkennung aller angewiesen ist, muss sich überfordern und im Sechseck springen. Er richtet sich emotional und körperlich zugrunde.

Antwort 2: Sie sind süchtig geworden

Das zwanghafte Streben, von allen Menschen gemocht und geliebt zu werden, ist krankhaft. Es ist in der Tat eine Sucht. Diese Sucht muss befriedigt werden. Wie der Drogensüchtige braucht der Anerkennungssüchtige seinen „Schuss" Anerkennung. Er tut alles dafür. Viele verrenken sich bis zur Unkenntlichkeit. Sie werden gefallsüchtig und sind standpunktlos geworden. Jedem reden sie nach dem Mund, um nicht kritisiert und abgelehnt zu werden. Sie brauchen das Wohlwollen der anderen wie eine Droge.

Der große Theologe Karl Barth sagte in einer Predigt 1916: „Ihr habt den Wunsch, ich möchte ein falscher Prophet sein. Und fragt ihr mich im Stillen, die einen freundlich und wohlmeinend, die anderen zornig und erbittert, warum ich euch diesen Wunsch nicht erfülle. Der falsche Prophet ist der Pfarrer, der es den Leuten recht macht. Er ist dafür da, um von Gott zu zeugen, aber sieht Gott nicht und will ihn nicht sehen. Er folgt seinen eigentlichen menschlichen Gedanken, ... vermeidet gewandt allen Anstoß, hofft und erwartet wenig oder nichts von Gott. Er lässt sich nennen: einen Prediger des Evangeliums, einen Seelsorger, einen Diener Gottes, aber er ist ja doch nur ein Angestellter der Menschen."

Karl Barth hat schon bei seiner ersten Anstellung als Pfarrer bekannt, dass er kein Gefalltyp ist, der es allen Menschen recht macht, der den Menschen nach dem Munde redet und kein Profil zeigt.

Der Mensch, der es allen recht macht, ist standpunktlos. Auf ihn ist kein Verlass. Er hängt sein Fähnchen nach dem Wind. Auch in der Partnerschaft schmeichelt der Gefalltyp dem anderen, redet ihm nach dem Mund und ist rückgratlos. Er ist unehrlich in Gedanken, Worten und Taten.

Kennzeichen Nr. 7: Beziehungsabhängige praktizieren zwanghafte Verhaltensmuster

Wo liegt die Grenze zwischen gesund und zwanghaft? Wer freiwillig treu ist, wer sich freiwillig Wünschen und Erwartungen des Partners fügt und aus Liebe auf Eigenwilligkeiten verzichtet, handelt im Einklang mit sich und fühlt sich nicht gezwungen. Wer Forderungen in der Ehe zum Gespräch erhebt und gemeinsame Pflichten im gegenseitigen Verständnis klärt, handelt gesund und nicht zwanghaft.

Welche Zusammenspielmuster sind zufrieden stellend, welche sind belastend? Welche wechselseitigen Beziehungen sind normal, welche sind ungesund? Psychiater verstehen häufig „Alles-oder-nichts-Erklärungen" beziehungsweise „Entweder-oder-Gegensätze" als Vorstufe zur Psychose. Wie können solche Alles-oder-Nichts-Aussagen lauten? Hier ein Beispiel: „Entweder du wirst meine Frau oder ich bringe mich um!"

Beziehungsabhängigkeit drückt sich durch Unfreiheit, Zwang, Sucht und ein gestörtes Zusammenleben aus. Abhängigkeit kann einschließen, dass die Beziehungen mit Zwangsauflagen verbunden sind. Schon mit der Partnerwahl kann der Zwang beginnen. Der folgende Abschnitt mit der Geschichte von Iris und Manfred ist dafür ein Beispiel. Die Wahl erfolgte nicht in völliger Freiheit. Es gibt Paare,

- die heiraten „müssen“, weil ein Kind unterwegs ist,
- die bedingungslos von Eltern und Schwiegereltern abhängig sind,
- die finanziell von bestimmten Personen abhängig sind,
- wo einer ohne den anderen nicht leben kann,
- wo einer den anderen erpresst hat, ihn zu heiraten.

Eifersucht als Zwangsverhalten

Iris ist eine neunundzwanzig Jahre alte Apothekerin. Sie ist eine attraktive Erscheinung und hat schon einige Angebote von Männern bekommen, die sich in sie verliebt haben. Iris ist weich, mitfühlend und verständnisvoll. Ihre Schwäche: Sie kann schlecht nein sagen. Sie bindet sich an einen Mann, der unsterblich in sie verliebt ist. Manfred ist aufmerksam und bringt ihr jedes Mal Blumen mit, wenn sie sich treffen. Wenn er sich verabschiedet, ruft er sie an, dass er wieder gut zu Hause angekommen ist. Ein idealer Liebhaber, finden die Eltern von Iris. Fast jeden Abend holt er seine Freundin von der Apotheke ab. Geduldig wartet er im Auto, bis Iris die Apotheke verlässt. Wie ein Schatten umgibt er sie.

Einige Monate geht alles gut, dann wird Iris ungehalten. Sie fühlt sich eingeengt und unfrei. Wie eine Klette erlebt sie ihren Freund. Der „ideale Liebhaber“, wie die Eltern den Mann charakterisierten, entpuppt sich in Iris‘ Augen als eifersüchtiger Mensch. Er will sie besitzen und vereinnahmen. Iris beginnt, immer öfter nach Ausreden zu suchen, um sich von ihm zu befreien. Zweifellos mag sie ihn, aber seine liebevolle Aufdringlichkeit geht ihr zu weit.

Da zwei Menschen immer perfekt zusammenspielen, beginnt der Mann seine Schlingen noch enger zu ziehen. Er fühlt sich vernachlässigt, nicht genügend geliebt und nicht verstanden. Heimlich beginnt er, sie zu beobachten. Denn er vermutet, dass sie sich einen anderen Freund gesucht haben könnte. Beide besuchen sonntags den Gottesdienst, lesen ihre Bibel und beten zusammen, bevor sie sich verabschieden.

Aus Angst, sie zu verlieren, beginnt Manfred, von Heirat zu sprechen. Jetzt sind sie knapp fünf Monate zusammen. Er weiß sich von Gott geführt und glaubt, in Iris die Frau fürs Leben gefunden zu haben. Iris möchte die Heirat aufschieben. Sie argumentiert, dass sie sich noch nicht genügend kennen. Aber sie unterschätzt Manfreds Hartnäckigkeit. Er will sie und keine andere. Ja, er sagt zu ihr:

„Mir ist es im Gebet klar geworden, du bist die Frau meiner Träume." Je mehr Manfred drängt, desto mehr wehrt sich Iris. Aber ihre schwache Seite spielt ihr einen Streich: Sie kann schlecht nein sagen.

Kurz vor Weihnachten heiraten sie. Auf dem Hochzeitsbild wird die Beziehung deutlich: Manfred umklammert seine Braut, Iris wendet den Kopf ab. Oder Manfred hält sie fest umschlungen, und Iris drückt ihn sichtbar mit den Händen ab. Ein Jahr später ist Iris krank. Sie ist abgemagert, hat etwa fünfundzwanzig Pfund abgenommen, sie hat Atembeschwerden, sie kommt allein in die Beratung.

Ein Beispiel einer Beziehungsabhängigkeit mit Zwangs- und Suchtcharakter. Deutlich wird:

1. Eifersucht als Sucht. Sie kennen das Sprichwort: „Eifersucht ist eine Leidenschaft, die mit Eifer sucht, was Leiden schafft." Eifersucht kann zu einer Sucht werden, die den anderen besitzen will. Die den Lebensraum des Partners einengt. Eifersucht ist die Sucht, sich vom anderen abhängig zu machen. Der Eifersüchtige kann ohne den anderen nicht leben. Seine Eifersucht bindet ihn an den Partner.

Der Begriff legt nahe, dass dieses Verhalten krankhaft werden kann. Die Beziehung ist gestört. Es ist kein Gleichgewicht vorhanden.

2. Manfred ist beziehungsabhängig. Der junge Mann erlebte, dass seine Eltern sich scheiden ließen, als er sechs Jahre alt war. Bis dahin hatte er schon zwei Jahre lang jeden Tag Auseinandersetzungen der Eltern erlebt. Er wollte sie nicht verlieren und warb um die Liebe von Vater und Mutter. Schließlich gingen die Eltern doch auseinander. Dieser Liebesverlust prägte seine Beziehung zu Iris. Aus Angst, er könnte sie verlieren, überschüttete er sie mit Liebesbeweisen. Er erdrückte sie mit Aufmerksamkeiten, die alle nur einen Zweck hatten: Bleib bei mir, ich brauche dich!

3. Iris kann nicht nein sagen. Beziehungsabhängigkeit ist häufig ein wechselseitiges Problem. Nicht nur Manfred ist „schuld", auch Iris spielt perfekt mit Manfred zusammen. Sie kann nicht nein sagen, das heißt sie ist nicht in der Lage, ihm klare Grenzen zu setzen. Iris hat Angst, sie könnte ihm wehtun. Auch sie will ihn nicht verlieren. Das Hauptmotiv bei Iris lautete: Ich will allen Menschen gefallen. Das ist ein unrealistischer Wunsch. Damit macht auch sie sich abhängig, ohne es zu wollen. Sie sagt ja und meint im Innern nein. Sie stimmt gegen ihre Überzeugung zu und rennt ins Unglück.

4. Was sind die Folgen? Iris nimmt den Kummer nach innen. Aus Angst vor schweren Auseinandersetzungen frisst sie ihren Kummer in sich hinein. Sie verliert den Appetit am Leben. Statt sich ehrlich mit dem Partner auseinander zu setzen, „verzehrt" sie sich und verliert Gewicht.

Dann bekommt sie Atembeschwerden. Eine fachärztliche Untersuchung ergibt, dass Lunge und Herz organisch in Ordnung sind. Aber sie kann in der Luft der engen Partnerschaft nicht leben. Sie „erstickt" förmlich. Manfred nimmt ihr die Luft zum Atmen.

Die Aufgabe von Seelsorge und Beratung besteht darin,

- die wirklichen Motive von Iris und Manfred, die sich jeweils hinter ihren Einstellungsmustern verbergen, herauszuarbeiten. Was wir nicht klar erkannt haben, können wir nicht ändern;
- die falschen Verhaltensmuster aufzuzeigen und die damit verbundenen Folgen ans Licht zu bringen;
- gemeinsam praktikable Zusammenspielmuster zu entwickeln, um die zwanghaften Muster zu verringern.

Beide handeln zwanghaft, beide sind von ihren Mustern abhängig.

Iris kann nicht nein sagen, das ist zweifellos ein Zwang. Manfred muss seine Partnerin kontrollieren und an die Leine legen.

Wenn Frauen Liebe als Beziehungsabhängigkeit erleben
Hinweise für den Umgang mit dem folgenden Fragebogen

1. Füllen Sie den Fragebogen ehrlich und ohne langes Nachdenken aus.
2. Wenn Sie unsicher sind, lassen Sie den Bogen von Ihrer besten Freundin ausfüllen.
3. Was sind Ihre Motive dafür, dass Sie bestimmte Muster praktizieren?
4. Welche Aussagen machen Ihnen Schwierigkeiten? Besprechen Sie sie mit einem Seelsorger oder Berater.
5. Sind Sie überzeugt, dass Sie keine Beziehungsabhängigkeit praktizieren?

Ein Selbsterforschungsbogen

	stimmt nicht	stimmt
Ich empfinde Liebe als Schmerz und Leid	❍	❍
Ich habe den Eindruck, alles dreht sich um den Partner	❍	❍
Ich spreche im Wesentlichen von seinen Problemen	❍	❍
Ich habe Schwierigkeiten, eigene Bedürfnisse zu äußern	❍	❍
Ich kümmere mich in erster Linie um seine Bedürfnisse	❍	❍
Ich habe Angst, nicht liebenswert zu sein	❍	❍
Ich kann mir ein Leben ohne ihn nicht vorstellen	❍	❍
Ich habe Angst, wertlos zu sein	❍	❍
Ich opfere mich für ihn auf	❍	❍
Ich kann ihm schlecht Freiräume geben	❍	❍
Ich ordne mich widerspruchslos unter	❍	❍
Ich empfinde in erster Linie Angst, Sorge und Leid um ihn	❍	❍
Ich gewinne Lust in erster Linie aus seiner Erregung	❍	❍
Ich kenne mich selbst kaum und kann wenig mit mir anfangen	❍	❍
Ich denke, es ist biblisch: „Du, du und du zuerst"	❍	❍
Ich entschuldige fast alles bei ihm	❍	❍
Ich lasse mich oft demütigen und ausnützen	❍	❍
Ich habe manchmal das Gefühl, ich werde von ihm gequält	❍	❍
Ich bin ihm mit Haut und Haaren verfallen	❍	❍
Ich bin als Christin davon überzeugt, ich muss ihm eine Dienerin sein	❍	❍

Kennzeichen Nr. 8: Beziehungsabhängige haben zu hohe Erwartungen

Kerstin hat Chemie studiert und arbeitet mit ihren siebenundzwanzig Jahren in einem Pharma-Unternehmen. Sie hat drei Liebesbeziehungen hinter sich, die sie unzufriedener und unglücklicher gemacht haben, als sie zuvor schon war. Einmal hat sie selbst die Beziehung abgebrochen, zweimal hat ein Mann die Beziehung beendet. Der Arbeitsauftrag im Beratungsprozess lautete: „Was ist mit mir los, dass ich keine Beziehung dauerhaft gestalten kann?"

Der erste Mann war kein Akademiker, sondern Fernsehtechniker. Er war nicht wenig stolz, eine „richtige Akademikerin" als Partnerin gewonnen zu haben. Er bemühte sich besonders, bei Verabredungen pünktlich zu sein. Kerstin konnte sich in der Tat auf ihn verlassen. Der Mann gab sich auch große Mühe, Gespräche anzuregen, ihr in den Mantel zu helfen, sie beim Einkaufen zu unterstützen und gemeinsam Spaziergänge und Theaterbesuche zu organisieren. Kerstin hielt den Kontakt mit dem Mann aufrecht, obschon sie ständig eine gewisse Unzufriedenheit beschlich, die sie nicht genau erklären konnte. Wenn sie gefragt wurde, was ihr Partner von Beruf sei, ertappte sie sich dabei, dass sie nicht die Wahrheit sagte. Er sei Ingenieur beim Fernsehen. Als ihre beste Freundin sie lächelnd auf diese „Lüge" aufmerksam machte, dachte sie angestrengt über ihre Beziehung nach und sagte zu ihrer Freundin: „Mir fehlt etwas, und ich kann nicht sagen, was es ist. Mir gefällt zwar nicht, dass er kein Akademiker ist, aber zutiefst glaube ich nicht, dass das der Hauptgrund ist."

Einige Wochen später, bei einer kleinen Meinungsverschiedenheit mit dem Mann, die ihr sehr Leid tat, brach Kerstin die Beziehung ab. Die erste Partnerschaft hatte ein Ende.

Die zwei weiteren Beziehungen wurden von den Männern beendet. Kerstin begründete das Ende etwa so: „Es waren Männer, die stellungsmäßig durchaus mit mir auf einer Ebene waren. Sie waren aufmerksam, besonders der erste, aber sie gaben mir nicht die Liebe und Wärme, die ich mir wünschte. Ich hatte das Gefühl, alle drei blieben mir etwas schuldig."

Was veranschaulicht dieses Beratungsbeispiel?

1. Kerstin ist beziehungsabhängig
Die Abhängigkeit rührt daher, dass ein wichtiges Bedürfnis in der Vergangenheit nicht befriedigt wurde. Kerstin kommt aus einer Familie mit fünf Kindern. Die Eltern unterhalten ein kleines Strickwarengeschäft. Sie verkaufen nur ausgewählte und teure Modelle, die sie in Paris, Mailand und Berlin einkaufen. Beide Eltern sind geschäftlich äußerst beansprucht, können den Kindern nur materielle Wohltaten anbieten. Kerstin darf als Einzige studieren und genießt in der Kinderschar das größte Ansehen. Diese Bevorzugung ruft riesige Erwartungen hervor, die der zukünftige Partner erfüllen soll. Unrealistische Erwartungen sind *ein* Motiv für Beziehungsabhängigkeit.

2. Kerstin ist emotional vernachlässigt
Sie hat viele finanzielle und materielle Zuwendungen genießen können, blieb aber gefühlsmäßig auf der Strecke. Schule, Studium, Beruf können sie nicht zufrieden stellen. Zeit ihres Lebens fühlt sie sich unzufrieden und unausgefüllt.

3. Kerstin flieht in die Esssucht
Um mit der emotionalen Vernachlässigung fertig zu werden, beginnt Kerstin mit neunzehn Jahren, sich Liebe über Schokolade, Kuchen und Süßigkeiten einzuverleiben. Sie erzielt vorübergehend und kurzfristig Erleichterung, nur bei Gewicht und Körperumfang legt sie enorm zu. Der Preis, den sie bezahlt, ist sehr hoch. Ihre Unzufriedenheit steigert sich. In kurzer Zeit verliert sie Kontakt zu zwei Freundinnen, die sich unter fadenscheinigen Gründen von ihr distanzieren, wie sie sagt. Im Grunde sind beide Freundinnen es leid, sich Kerstins Klagen und Selbstmitleid anzuhören. Sie fühlen sich benutzt und ausgebeutet und können Kerstins unausgesprochene Erwartungen nicht erfüllen.

Zwei volle Jahre kämpft Kerstin wie eine Löwin gegen ihr Übergewicht an, verliert über zwanzig Pfund und ist am Ende unzufriedener als vorher, weil die abgehungerten Pfunde ihr die erwartete Lebenszufriedenheit nicht bescheren.

4. Kerstin sucht ideale Elterntypen als Partner

Kinder, die vernachlässigt, von Vätern oder Müttern enttäuscht wurden, suchen gern in zukünftigen Partnern eine ideale Mutter oder einen idealen Vater. Die idealen Partner sollen alles das ausgleichen, was die Eltern versäumt haben.

„Wenn dieser Mann mich hundertprozentig liebt, lösen sich meine Lebens- und Liebesprobleme in Luft auf."

„Wenn diese Frau bedingungslos ja zu mir sagt, kann ich an Leib, Seele und Geist heil werden."

Kerstin wählte jedes Mal einen Mann, von dem sie ein unrealistisches Glück erwartete. Sie projizierte in Männer utopische Erwartungen hinein, die ein Normalmaß überstiegen. Die Männer spürten, dass sie diesen riesigen Erwartungen nicht gewachsen waren.

5. Kerstin sucht den Traummann

Ihre Eltern und Kolleginnen in der Firma, denen sie ihre Unzufriedenheit anvertraute, rieten ihr, ihr Glück in der Liebe zu versuchen. Kerstin, die eine riesengroße Liebessehnsucht verspürte und nach jedem Strohhalm griff, versuchte es mit dem ersten Mann. Nach einem halben Jahr beendete sie die Beziehung, weil ihre unerklärliche Sehnsucht nicht befriedigt wurde. Durch die erste Beziehung ist sie aber freier und lockerer geworden und lässt sich in den beiden folgenden Beziehungen mehr gehen, hängt sich den beiden an den Hals und wird schnöde verstoßen, weil sich beide Männer völlig überfordert fühlen, ihre unerfüllten Wünsche aus der Kindheit zu befriedigen. Beide sind es leid, sich ständig Vorwürfe zu machen. Der letzte hat ihr einen Abschiedsbrief geschrieben mit dem bissigen Satz: „Such Dir einen Traummann. Und wenn Du ihn gefunden hast, schick mir mal ein Bild von dem Trottel!"

- Hohe Erwartungen sind ein Feind der Liebe.
- Hohe Erwartungen setzen den Partner unter Druck.

- Hohe Erwartungen machen unzufrieden, wenn sie nicht erfüllt werden.

Wie entwickeln sich hohe Erwartungen? Sie können auf unterschiedlichen Wegen entstehen.

Möglichkeit 1: Dem Kind werden alle Wünsche und Bedürfnisse erfüllt
Es wird verwöhnt und lebt wie im Schlaraffenland. Wird dieses Kind erwachsen, erwartet es selbstverständlich, dass es diese Privilegien nicht verliert. Es wird alle Hebel in Bewegung setzen, um ein Höchstmaß an Zuwendung und Fürsorge zu ergattern.

Möglichkeit 2: Dem Kind werden viele Wünsche und Bedürfnisse vorenthalten
Es wird übersehen. Das Kind fühlt sich vernachlässigt und missachtet. Die Folge kann sein, dass es eine unstillbare Sehnsucht im Herzen trägt, eines Tages den Prinzen oder die Prinzessin zu finden, der/die spielend und gern alle Wünsche und Erwartungen erfüllt.

Kennzeichen Nr. 9: Beziehungsabhängigkeit kann Hörigkeit einschließen

Wer dem anderen hörig ist, hat seine Eigenständigkeit aufgegeben. Er lebt aus dem anderen und durch den anderen. Wahrscheinlich wurde er schon als Kind manipuliert und unselbständig gemacht. Geht er Partnerschaften ein, sucht er sich wieder jemand, dem er sich total ausliefert. Hörigkeit ist krankhafte Abhängigkeit. Der Hörige erfährt jedes Wertgefühl ausschließlich durch den anderen. Im Grunde ist er eine willenlose Knetmasse in den Händen des anderen. Kein Wunder, dass Hörige benutzt und grenzenlos ausgebeutet werden können.

Je abhängiger sich Menschen von anderen machen, desto mehr verletzen sie sich selbst. Da ist eine Frau, die in großer Abhängigkeit und Hörigkeit von ihrem Mann lebt. Der Mann weiß es und nutzt es aus. Er kann sich die ausgefallensten Bosheiten erlauben. Sie erduldet es, nein sie *erleidet* es. Ihre Abhängigkeit endet in Selbstzerfleischung. Er geht fremd und spricht offen darüber. Er denkt gar nicht daran, es ihr zu verheimlichen. Wenn sie fragt, erzählt er ihr die innigsten sexuellen Spielereien, die er und die andere Frau miteinander treiben. Seine Ehefrau steigert sich in die Selbstverletzung hinein. Sie hängt sich wie ein Hund an ihn. Tagsüber erinnert sie sich, was er alles mit der anderen anstellt. Was bewirkt das bei ihr?

Durch diese Vorstellung tut sie sich selbst weh. Und je mehr sie sich in die Phantasien hineinsteigert, die noch nicht einmal stimmen müssen, desto mehr gibt sie ihm Macht über sich. Woher kommt dieses Verhalten?

- Sie hat kein Selbstwertgefühl in sich.
- Sie hat keinen Halt in Gott.
- Sie bezieht ihr ganzes Selbstwertgefühl von ihrem Mann.
- Ihr fehlt jegliche Distanz.
- Ihr fehlt die innere Freiheit, sich zu lösen.
- Ihr fehlt ein gesundes Selbstwertgefühl, um Unabhängigkeit anzustreben.
- Ihr fehlt die Kraft, sich von ihm zu trennen.

Hörigkeit schließt ein, dass sie dem anderen nicht wehtun darf. Er wird geschont. Sie sagt:

- Ich traue mich nicht, ihm die Wahrheit zu sagen.
- Ich traue mich nicht, offen zu sein.
- Ich traue mich nicht, ihn damit zu konfrontieren, was er mir antut.

Die Folge ist, dass diese Frau sich wehtut, weil sie dem anderen Schmerzen ersparen will. Die schweren Selbstverletzungen haben ihren Grund im falschen Denken und in falschen Überzeugungen. Sie hält sich für eine Versagerin und einen völlig unselbständigen Menschen. Hörigkeit ist in ihren Augen die einzige Methode, um zu überleben. Die Frau ist sich ihrer Hörigkeit bewusst, aber sie fühlt sich außerstande, sich daraus zu befreien.

Kennzeichen Nr. 10: Beziehungsabhängige können nicht allein sein

Beziehungsabhängigkeit oder Beziehungssucht äußert sich darin: Ein Partner hält zwanghaft am anderen Menschen fest, gönnt ihm keine Freiheit und klebt am anderen. Beziehungssüchtige brauchen den Partner. Der Partner wird zum „Objekt". Der Abhängige hat eine panische Angst vor dem Alleinsein. Er kann ohne den anderen nicht leben. Wohin er geht, wie lange er ausbleibt, wann er wieder losgeht, was er tut und denkt – der Partner liegt auf der Lauer und kontrolliert ihn. Die Angst vor dem Alleinsein ist ein unangenehmer Klebstoff, der den anderen anleimt. Ein eigenständiges Leben wird untergraben. Der Einsame klammert, engt ein und nimmt dem Partner die Luft zum Atmen.

Kennzeichen Nr. 11: Beziehungsabhängige haben keine klare Identität

Was ist „Identität"? Menschen, die mit sich übereinstimmen, mit sich eins geworden sind, ein gutes Selbstwertgefühl haben und die „original" sind (keine Nachahmung eines anderen), haben eine klare Identität. Mein Personalausweis ist meine Identitätskarte. Sie weist mich aus. Das Bild stimmt äußerlich mit mir überein. Identität haben heißt – auf den ganzen Menschen bezogen:

- Mit sich selbst im Reinen sein,
- mit sich im Frieden leben,
- echt sein,
- sich selbst gefunden haben.

Wer diese Identität und Unabhängigkeit nicht besitzt, fühlt sich unsicher und flieht in Abhängigkeiten. Eine Möglichkeit dazu sieht so aus: Der Abhängige in der Partnerbeziehung bezieht seine Identität allein aus der Bindung an den Partner. Der Wert des Partners ist sein Wert. Er glaubt, keinen Wert in sich zu haben. Ohne den anderen ist er leer und ohne Selbstvertrauen. Ohne den anderen ist er hilflos und ohnmächtig. Es leuchtet ein, dass er alles tut, um die Beziehung aufrecht zu erhalten. Er ist schwach und ich-los. Er kann nur im anderen und durch den anderen existieren. Sollte der Partner ihn verlassen, fühlt er sich wie ein verlassenes Waisenkind. Er hat sich mehr oder weniger hörig gemacht.

Kennzeichen Nr. 12: Beziehungsabhängigkeit kann sich in Liebeswahn äußern

Da sich Beziehungsabhängigkeit in verschiedenen Schweregraden zeigt, soll eine besonders unangenehme Form auch zur Sprache kommen: der Liebeswahn. Man spricht auch von „Erotomanie", also einer krankhaften Störung der Liebesbeziehung.

Betroffen sind vor allem Frauen, die über dreißig Jahre alt sind. Häufig handelt es sich um unverheiratete Frauen, die gesellschaftlich in gut situierten Verhältnissen leben. Sie haben sich einen Mann auserkoren, der älter ist als sie selbst. Es kann der Hausarzt oder der Pastor oder der Anwalt der Familie sein. Die Frauen sind vom „Geliebten" so fasziniert, dass sich ihr Tun und Lassen, ihr Denken und Verhalten nur noch um diesen einmaligen Menschen dreht.

Ein Beispiel aus der Vergangenheit ist die Hutmacherin Léa Anne B., die rasend verliebt in den englischen König Georg V. war und besessen von der Idee, ihn in England zu treffen. In ihren Vorstellungen war der König ihr heimlicher Geliebter, und sie glaubte felsenfest, der Monarch sei auch in sie verliebt. Sie streifte um den königlichen Palast und hoffte auf den Augenblick, wenn sie den geliebten Monarchen in ihre Arme schließen würde. Aber der König dachte über die „Liebesbeziehung" völlig anders. Er veranlasste, dass die Dame gefangen genommen wurde und in irgendeinem Kerker verschwand.

Solch eine eingebildete Liebesbeziehung bezeichnet man als Liebeswahn. Wie ist er zu erklären?

- Der Liebeswahn kann Frauen und Männer befallen. Fachleute behaupten, dass jeder dritte Fall liebestolle Männer betrifft. Sie projizieren ihre Wahnvorstellungen meist auf jüngere Frauen mit Sex-Appeal, meist auf Models, Sängerinnen oder Schauspielerinnen.

- Die Ursachen der Erotomanie liegen noch im Dunkeln. Die Leidenschaft, mit der diese Menschen vorgehen, erinnert an wahnhafte Einbildungen. Erotomaninnen betonen gern ihre äußeren Reize.
- Die meisten Liebeswahnsinnigen leiden unter problematischen Partnerschaften oder leben unglücklich allein. Vor allem macht ihnen die Einsamkeit zu schaffen. Sie leben zurückgezogen und grübeln sich in verrückte Liebesvorstellungen hinein.

Beziehungsabhängig – ein Glück auf tönernen Füßen

Der Beziehungsabhängige igelt sich ein und ist nur auf seinen Partner fixiert. Die Transaktionsanalytikerin Amy Bjork Harris und ihr Mann Thomas A. Harris haben diese zum Scheitern verurteilte Beziehung beschrieben: „Der einzig Geliebte, ein Glück auf tönernen Füßen. Hält man sich mit seinen emotionalen Bedürfnissen nur an einen Menschen, so ist das Scheitern vorhersehbar. Die erste Liebesglut: ‚Nur du und ich', ist rasch abgekühlt. Das trifft auch zu, wenn beide Partner gleich empfinden. Gibt es sonst niemanden im Leben, entsteht ein geschlossenes System gegenseitiger Abhängigkeit. Die Liebe verwandelt sich allmählich in die Furcht vor dem Verlust der einzigen Quelle emotionaler Befriedigung. Die ursprüngliche Nähe wird der Belastung ständiger *Vorsicht* ausgesetzt. Wenn du *alles* für mich bedeutest, wage ich nicht, dich zu kränken. Es ist schwer, aufrichtig mit jemandem zu sein, den man so sehr braucht. Beide lehnen sich aneinander an, wobei es ums nackte Überleben, nicht um Liebe geht. Auch Langeweile breitet sich aus."[1]

Die wenigen Zeilen fassen exakt zusammen, was bei Beziehungsabhängigen geschieht. Es lohnt sich, noch einmal die Hauptkriterien zu formulieren:

Kriterium 1: Der einzig Geliebte soll alle emotionalen Bedürfnisse erfüllen. Das ist unmöglich. Der einzig Geliebte ist völlig überfordert.

Kriterium 2: Wer den einzig Geliebten so in den Mittelpunkt seiner Erwartungen stellt, darf ihn nicht kritisieren und behandelt ihn völlig falsch. Die Angst, ihn zu verlieren, erlaubt keine ehrliche Beziehung mehr.

Kriterium 3: Wer sich so vom einzig Geliebten abhängig macht, steht haltlos, völlig einsam und hilflos im Leben, wenn er ihn verliert.

Kriterium 4: Gesunde Beziehungen benötigen eine größere Gemeinschaft. Sie sind auf Freunde, Bekannte, Kollegen und Angehörige der eigenen gesellschaftlichen Gruppe angewiesen. Eine abhängige Liebe ist eine „abgöttische" Liebe. Und eine abgöttische Liebe ist keine Liebe, sondern Egoismus. Der abgöttisch Liebende „frisst" den Partner auf, weil er unfähig ist, einen gesunden Abstand aufzubauen. Ohne den anderen ist er halt-los.

Wie es Betroffenen gelingt, Abhängigkeiten zu verbergen

Abhängige haben eine bemerkenswerte Gabe, ihre Störung zu verbergen. Es gelingt ihnen häufig, sich und andere über ihren Zustand zu täuschen. Partner werden entschuldigt, emporgehoben oder liebevoll klein gemacht. Die Täuschungen hören sich dann etwa so an:

„Mein Mann sagt, dass er ein Lebenskünstler ist. Er hat nie Geld, aber er ist immer fröhlich und glücklich. Bei ihm fühle ich mich wohl. Ich darf und kann ihn nicht verlassen, sonst geht er unter."

„Meine Frau ist ein Pechvogel. Sie hat zwei linke Hände. Man muss ihr alles aus der Hand nehmen, sonst gibt es Bruch. Ohne mich ist sie nicht lebensfähig."

„Mein Mann ist ein großer Junge. Seine Fröhlichkeit ist ansteckend. Im Grunde ist er arbeitsunfähig, aber liebenswert. Man muss ihn einfach gern haben."

Diese Entschuldigungen klingen glaubhaft, aber es sind häufig Täuschungen, die beziehungsabhängige Personen aussprechen. Die Grenzen und Verhaltensschwächen des Partners werden verharmlost. Im Grunde will der Abhängige uns glauben machen, er sei für diesen Menschen verantwortlich, der

- zu tollpatschig,
- zu jungenhaft,
- zu lebensuntüchtig und
- zu kindlich

im Leben stehe.

Hinter diesen Entschuldigungen versteckt der Abhängige seine Herrschsucht: Er

- will den anderen bevormunden,
- will den anderen lenken und leiten,
- will für den anderen die Verantwortung übernehmen,
- braucht den anderen für das eigene Selbstwertgefühl.

Wer von Menschen abhängig ist, bekommt Probleme

Woher rühren die Probleme? Was kennzeichnet die Beziehung?

Der abhängige Mensch klebt am anderen. Er ist abhängig von

- seinem Beifall,
- seiner Anwesenheit,
- seinen Gewohnheiten,
- seinen Gemeinheiten.

Der Abhängige kommt nicht vom anderen los. Liebt er ihn wirklich? Nein, er ist von ihm abhängig. Er ist mit ihm verstrickt. Er kann ohne ihn nicht leben. Auch wenn er belogen oder betrogen wird, auch wenn er wie ein schmutziges Tuch behandelt wird.

Wo liegen die Ursachen für diese Unfreiheit? Der Abhängige

- mag sich nicht leiden,

- hat Minderwertigkeitsgefühle,
- fühlt sich vernachlässigt,
- fühlt sich ungeliebt,
- ist mit ganz Wenigem zufrieden,
- klebt an Menschen mit Problemen,
- klebt an Menschen, die gescheitert sind,
- klebt an Menschen, sobald sie auch nur einen Blick für ihn haben.

Wie wir bereits gesehen haben, sind Abhängige mit Wenigem zufrieden. Sie bleiben, auch wenn sie geschlagen werden. Sie bleiben, auch wenn ihnen übel mitgespielt wird. Der Abhängige lebt in einer emotionalen Gefangenschaft. Er ist nicht in der Lage, seine Beziehung kritisch zu betrachten. Die emotionale Unsicherheit ist das treibende Motiv.

- Lieb mich, ich brauch dich.
- Lieb mich, ich kann ohne dich nicht leben.
- Lieb mich, mein Leben ist wertlos.

Wer so denkt und fühlt, lässt sich beschimpfen, missbrauchen und ausbeuten.

Diese Beziehungsstruktur ist selbstzerstörerisch. Sie ist

- keine Partnerschaft, sondern Abhängigkeit,
- keine Gemeinschaft, sondern Hörigkeit,
- kein Wir-Gefühl, sondern missbrauchte Liebe.

3

Beziehungsabhängigkeit oder das Karpmann-Drama-Dreieck

Viele Beziehungsabhängige sind *Retter*. Plötzlich werden sie zu *Verfolgern* und enden als *Opfer*. Stephen B. Karpmann, ein Psychiater in San Francisco, hat dies als das „Drama-Dreieck" bezeichnet.

Wer sind Retter? Retter sind

- die Helfer,
- die Kümmerer,
- die Verantwortlichen,
- die Möglichmacher.

Retter kümmern sich um andere, ohne dazu aufgefordert zu sein. Es sind Partner, die sich *für* den anderen verantwortlich fühlen, die *für* den anderen planen, entscheiden und handeln. Das Entscheidende:

- Retter greifen ein, ohne dazu aufgefordert zu sein;
- Retter werden aktiv, obschon der andere selbst dazu in der Lage wäre;
- Retter wollen das nicht, aber sie tun mehr, als von ihnen verlangt wird;
- Retter gehen hin und lösen Probleme für andere Menschen;
- Retter ziehen ihr Programm durch, weil sie wissen, was für den anderen gut ist.

Retter- und Helfertypen sind nah verwandt. Helfertypen wollen in erster Linie helfen, manchmal auch retten. Rettertypen fühlen sich noch stärker zum Handeln herausgefordert. Retter fühlen sich gebraucht, sie helfen, ohne unbedingt gebraucht zu werden. Sie *glauben,* die Opfer seien hilflos. Im Grunde sind die Opfer aber fähig, ihre eigenen Probleme zu lösen. Retter sind Menschen, die auf der Lauer liegen, Hilfe zu geben.

Menschen, die retten, können anschließend in die Klemme geraten. Wenn das Opfer nicht bereit ist, alles zu tun, was der Retter vorschlägt, wird der Retter zum Verfolger. Er hat sich eine Riesenmühe gegeben, hat Zeit, Geld und Kraft investiert, und das Opfer zeigt sich undankbar. Es verhält sich nicht so, wie der Retter es erwartet hat. Für Ratschläge und Lösungsvorschläge ist das Opfer plötzlich nicht mehr empfänglich. Die Enttäuschung des Retters wird erheblich angefacht. In der Ehe kommt der Frust über unser Bemühen recht schnell zur Sprache. Der Retter zeigt seine Wut und erfährt den ganzen Widerwillen des Opfers.

Wenn das Opfer die Enttäuschungen des Retters entdeckt, holt es nicht selten zum Gegenschlag aus. Es macht Vorwürfe, warum der Retter sich gekümmert und eingesetzt hat. Es zweifelt an dessen Redlichkeit, unterstellt unehrliche Motive und zerrt den Retter in einen handfesten Machtkampf hinein.

Das Opfer wehrt sich. Es will

- nicht hilflos erscheinen,
- nicht bemitleidet werden,
- sich für ungeforderte Hilfeleistungen nicht bedanken.

Plötzlich findet sich der Retter in der Opferrolle wieder. Der edle Mensch, der wortlos hilft, der selbstlos so viel Zeit und Kraft investiert hat, wird auch noch beschimpft. Er findet sich in einer bemitleidenswerten Situation wieder. „Undank ist der Welt Lohn!" Kein Wunder, wenn er vor Selbstmitleid zerfließt. Der uneigennützige Kümmerer ist vom Partner, der Welt und sich enttäuscht. Wieder einmal ist er ausgenutzt und missbraucht worden.

Das ist das Retterschicksal. Helfer, Kümmerer und unaufgefordert Verantwortliche erleben immer wieder diese Enttäuschung: Sie tun alles, geben ihr Letztes und lassen sich ausbeuten, und dann schlägt das Opfer eines Tages brutal zurück. Es fühlt sich

- entwürdigt,
- hilflos gemacht,
- wie ein Baby behandelt.

Das Opfer wirft dem Retter vor: „Du hast mich lebensuntüchtig gemacht." „Deine Fürsorge hat mich in völlige Abhängigkeit gebracht." Falsche Fürsorge ist keine Liebe, sie ist ein egoistisches Unterfangen.

Armin und Jessika

Ihre Ehe ist ein typisches Beispiel für das traurige „Drama-Dreieck". Armin ist ein erfolgreicher Student der Politologie. Mit vierundzwanzig Jahren steht er vor seinem Staatsexamen. Er ist ältester Sohn einer Arbeiterfamilie mit noch drei weiteren Geschwistern. Seine Mutter ist schwach und krank und benötigt seit Jahren unbedingt die Mithilfe des ältesten Sohnes. Armin ist Mutters Augenstern und ein wahrer Goldjunge. Schon als Schüler passte er auf seine Geschwister auf und brachte sie ins Bett. Immer wieder half er in der Küche mit, kochte selbständig und hatte Ideen für neue Gerichte. Bis abends spät lernte er, war fleißig und ehrgeizig und bei den Lehrern beliebt.

Nach dem Abitur studiert er Politologie und Soziologie, tritt in die Partei der Grünen ein und wird nach kurzer Zeit in die örtliche Leitung berufen. Sein Studium geht zügig voran. Seine Studienpläne machen ihm keine Sorgen. Die Kommilitonen wählen ihn zum Semestersprecher.

Dann lernt er Jessika, eine Soziologiestudentin, kennen. Sie ist zwei Jahre älter als Armin, hat aber einige Semester „verschlampt", wie sie sagt. Sie findet das Studium interessant, ist aber nicht an einem raschen Abschluss interessiert. Sie ist das einzige Mädchen nach zwei Brüdern. Als Vaters Liebling wurde sie verwöhnt und genießt das Studium ein wenig. Um nun doch schneller mit allem fertig zu werden, lehnt sie sich an Armin an, den sie als ehrgeizigen und strebsamen Studenten kennen gelernt hat. Die Nachhilfe in Soziologie, die viele Stunden in Anspruch nahm, hat auch die Liebe zwischen beiden intensiviert.

Armin ist auf Anhieb von der hübschen und sehr weiblichen Studentin angetan. Jessika lässt sich gern von Armin in kluge Gespräche verwickeln und erreicht es, dass Armin sich um ihre

Diplomarbeit kümmert, die bis jetzt ruhig im Schrank ihrer Vollendung entgegengeharrt hat.

Armin hat die Arbeit angelesen und weiß sofort, wie sie besser strukturiert, glatter formuliert und günstiger aufgebaut werden kann. Jessika, die es von Hause aus gewohnt ist, dass Mama alle Arbeiten für sie erledigte und Papa sie auf Händen trug, lässt sich gern von Armin bedienen. Ohne Widerspruch nimmt sie alle Vorschläge gern entgegen, unternimmt aber nichts, um sie in die Tat umzusetzen. Ihr kommt immer etwas dazwischen, das sie hindert, endlich die Diplomarbeit zu Ende zu bringen.

Eines Tages zieht Armin bei Jessika ein, die sich in der Nähe der Universität ein teures Appartement leisten kann. Armin hat mit Erfolg sein Studium abgeschlossen, sie haben sich verlobt. Jessika gelingt es nicht, die Diplomarbeit abzuschließen. Ihr fehlt die richtige Motivation. Und schmerzende Rückenprobleme machen es ihr unmöglich, stundenlang am Computer zu sitzen. Armin schiebt eine gute Stelle in der Gewerkschaftszentrale hinaus und schreibt für Jessika die Diplomarbeit. Die Arbeit wird mit „sehr gut" bewertet. Jessika kehrt ins Elternhaus zurück, um die Hochzeit vorzubereiten, und Armin erhält einen lukrativen Posten in der Gewerkschaftszentrale.

Einige Monate später heiraten sie, und das Glück scheint vollkommen. Armin arbeitet schwer und hofft, abends von seiner jungen Frau versorgt zu werden. Aber Jessika ist kein Hausmütterchen. Sie pflegt einen exklusiven Freundeskreis, spielt Tennis, geht reiten. Armin ermöglicht ihr alles. Er kommt ja aus einem Arbeiterhaushalt, kann sparen und verzichten und setzt seine Rolle fort, die er schon in seinem Elternhaus gelebt hat. So wie er sich für die Mutter und seine Geschwister eingesetzt hat, so setzt er sich jetzt für seine Frau ein. Da verliert Jessikas Vater bei gewagten Aktiengeschäften sein Geld und kann seine Tochter nicht mehr finanziell unterstützen. Armin schlägt ihr vor, auch beruflich tätig zu werden. Damit tritt er in ein Wespennest. Jessika hält sich für unfähig, beruflich als Diplom-Soziologin tätig zu werden. Schließlich hat Armin ja die Arbeit geschrieben. Er hätte das keineswegs tun müssen.

Er gerät in eine peinliche Situation. Er muss die Finanzen seiner Frau kontrollieren und ihr die Verfügung über das Konto streichen. Die Ehesituation spitzt sich kritisch zu. Jessika legt sich quer, fühlt sich betrogen und von ihrem Mann manipuliert. Sie beschimpft ihn, dass er ihr Leben programmiert habe, sie unaufgefordert egoistisch beeinflusst habe und eine schwache, entscheidungsunfähige Person aus ihr geworden sei. Sie fühle sich seelisch misshandelt und sei nur noch ein Schatten ihrer selbst.

Armin verschlägt es die Sprache. Er reagiert niedergeschlagen, verbittert und resigniert. Wortlos zieht er sich in sein Arbeitszimmer zurück und versteht sich, die Ehefrau und die Welt nicht mehr. Er zweifelt an seinem Verstand und an der Realität. Die Frau bleibt bei ihrer Haltung. Paargespräche lehnen sie ab, nach einem Jahr reicht sie die Scheidung ein. Armin ist in der kurzen Zeit um Jahre gealtert. Er hat resigniert und ist zu kreativer Arbeit nicht fähig.

Wie diese Ehebeziehung zu verstehen ist

Die Ehe von Armin und Jessika spiegelt konsequent die Retter-Verfolger-Opfer-Rolle wider.

Armin ist von Hause aus der geborene Retter. Als Fürsorger und Betreuer von Mutter und Geschwistern ist er folgerichtig in die Rolle des Retters hineingewachsen.

Jessika, Papas Liebling und die Jüngste der Geschwister, wird von allen Seiten verwöhnt. Sie ist der Nehmertyp und sucht unbewusst den Verwöhner und Retter für ihr Leben.

Retter und Opfer ziehen sich an. Ihre gegenseitige Abhängigkeit ist offensichtlich. Jessika sieht in Armin den helfenden Partner, der sich um die Diplomarbeit kümmert. Sie ist Fürsorge und Verwöhntwerden gewohnt. Sie verlieben sich ineinander, weil das Zusammenspiel glänzend funktioniert.

Retter Armin drängt Jessika zur Arbeit. Aber sie versteht es meisterhaft, Armins Angebote zu unterlaufen. Der Retter erhöht den Druck, wird gekonnt abgewehrt und macht schließlich die Arbeit unaufgefordert selbst. Jessika lässt es geschehen und rührt dabei selbst keinen Finger.

Armin spielt den idealen Retter. Jessika gerät in völlige Abhängigkeit von Armin, Armin fesselt sich an die „schwache" Jessika.

Sie heiraten, weil die zwischenmenschlichen Ergänzungsmuster wunderbar funktionieren. Dann wendet sich das Blatt rasant.

Die finanzielle Unterstützung durch den wunderbaren Papa entfällt. Jessika muss sich einschränken und will das nicht. Sie ist die Opferrolle gewohnt, wurde hervorragend versorgt und verwöhnt. Dem armen, kranken und hilfsbedürftigen Mädchen muss noch geholfen werden. Aus dem Retter Armin wird der Verfolger, weil er Jessika kontrollieren muss. Und dann schlägt Jessika zurück. Sie fühlt sich wie ein Kleinkind behandelt. Wie kann der Wohltäter sie nur als Schwache, Hilflose behandeln? Schließlich ist sie eine reife Frau. Sie fühlt sich von Armin gezwungen, ein fremdgesteuertes Leben zu realisieren. Wenn sie es recht bedenkt, wurde sie seelisch misshandelt.

Zum Schluss gerät der Retter in die Rolle des Opfers. Armin wird seine Gutherzigkeit um die Ohren geschlagen. Er sei kein Retter und kein Wohltäter, er sei ein krankhafter Egoist, der andere Menschen beherrschen und an sich binden wolle.

Die Ehe zerbricht. Armin ist ein gebrochener Mann und pflegt sein Selbstmitleid. Er ist ein Retter, der ungefragt Hilfe geleistet hat und zum Opfer geworden ist.

Fragen zur Selbstprüfung

- ❍ Gehören Sie auch zu den Rettern, die unbedingt eingreifen und helfen wollen, die sich kümmern, weil sie glauben, der andere brauche ihre Hilfe?
- ❍ Treiben unerklärliche Schuldgefühle Sie an, Hilfe anzubieten und Ratschläge aufzudrängen?
- ❍ Sind Sie ruhelos und mit sich unzufrieden, weil Sie wieder an Opfern vorbeigegangen sind, denen Sie doch Ihre Wohltaten hätten aufdrängen müssen?
- ❍ Wenn Sie in einem Pflegeberuf tätig sind: Haben Sie schon erlebt, dass Sie ausgesprochen wütend und resigniert reagierten, weil Sie sich verausgabt hatten und keinen Dank ernteten?
- ❍ Kann es ein, dass Sie darum keinen Dank ernteten, weil viele so genannte Opfer über Ihre Hilfe gar nicht erbaut waren?
- ❍ Kann es sein, dass Sie sich ständig kümmern müssen, und vernachlässigen Sie Ihre eigenen Bedürfnisse?
- ❍ Fühlen Sie sich manchmal als Retter missbraucht und vernachlässigt?
- ❍ Fühlen Sie sich schuldig, wenn Ihnen einer nur Gutes tut oder Sie selbst etwas für Ihre Wünsche und Bedürfnisse tun?
- ❍ Fühlen Sie sich nicht gut und müssen anderen Menschen beweisen, wie gutherzig und hilfsbereit Sie sind?
- ❍ Kennen Sie auch das Lebensgefühl: „Ich kann nicht nein sagen?" Ist es so, dass Sie sich überfordern und schließlich ausgesprochen wütend auf sich sind?

Wenn Sie eine oder mehrere Fragen mit Ja beantwortet haben, finden Sie in den Kapiteln 7-10 konkrete Hilfen.

4

Nähe und Distanz

Beide Haltungen spielen in harmonischen und unharmonischen Beziehungen eine Hauptrolle: Nähe und Abstand. Beziehungsabhängige Paare spiegeln große Probleme mit Nähe und Distanz wider.

Eine gesunde Partnerschaft ist durch wohltuende Nähe und Abstand gekennzeichnet. Mann und Frau verstehen es, einander Intimität (Nähe, Austausch, Geborgenheit) zu schenken und sich gleichzeitig abzugrenzen. Nähe bedeutet, Gemeinsamkeit und Einssein zu erleben. Abstand bedeutet:

- Jeder benötigt seinen *Bereich.*
- Jeder benötigt seinen *Spielraum.*
- Jeder benötigt seine *Freiheit.*
- Jeder benötigt seine *Entfaltungsmöglichkeit.*

In einer harmonischen Beziehung berücksichtigen die Partner beide Bedürfnisse:

- Beide wollen Nähe, Einssein und Gemeinsamkeit.
- Beide benötigen aber auch Abstand voneinander.
- Beide respektieren die subjektiven Wünsche des anderen.

In einer harmonischen Ehe sind diese Bedingungen erfüllt. Ganz sicher haben beide Partner unterschiedliche Bedürfnisse, aber sie verstehen es, sich zu arrangieren und Kompromisse zu schließen. Das Zusammenleben erfährt nur geringe Spannungen und Auseinandersetzungen.

Je extremer diese Bedürfnisse gestaltet sind, desto kritischer die Probleme, die daraus erwachsen. Frauen sind vielfach die Kontaktbedürftigen, Männer die Distanzierten, Kühlen, Sachlichen und mehr Abstand Suchenden. Aber keine Regel ohne Ausnahme. Diese Eigenarten sind keineswegs an das Geschlecht gebunden. Sind

Männer die Liebebedürftigen, Kontaktsuchenden, Wärme Benötigenden, bringen ihre Partnerinnen als Ergänzung die kühle und distanzierte Note ins Spiel. Solange sich beide Partner verständnisvoll auf Nähe und Distanz einigen können, produzieren beide keine Schwierigkeiten und Konflikte.

Beziehungen sind wichtig für unser Wohlbefinden

Zufriedenheit ist in der Regel eine Frage der Beziehung. Wer in einer harmonischen Partnerschaft lebt und mit ihr zufrieden ist, ist es in der Regel auch mit seinem Leben im Allgemeinen.

Die Wuppertaler Forscher Manfred Hassebrauck und Beate Küpper gehen so weit zu schreiben: „Untersuchungen haben gezeigt, dass unser Wohlbefinden – das psychische ebenso wie das physische – ganz entscheidend davon abhängt, ob wir Gesellschaft haben oder nicht. Allein zu sein macht die meisten Menschen unglücklich, im Extremfall sogar krank. 50% aller Suizide werden aus zwischenmenschlichen Gründen begangen ... Verheiratete fühlen sich selten einsam, Singles deutlich häufiger. Selbst die Singles, die sich freiwillig für ein Leben allein entschieden haben, sind häufiger einsam und weniger zufrieden mit ihrem Leben. Am schlimmsten von Einsamkeit betroffen sind geschiedene Männer. Probleme in der Beziehung schlagen uns nicht nur sprichwörtlich auf den Magen. Sie führen auch zu Depressionen. Wir baten 250 Personen anzugeben, wie zufrieden sie mit ihrer Beziehung sind, und ermittelten gleichzeitig ihre Stimmungslage. Diejenigen, die mit ihrer Beziehung unzufrieden waren, zeigten sich insgesamt depressiver.“[2]

„Hält der Stresszustand zu lange an, gerät der gesamte Organismus unter Druck. Unser Immunsystem wird belastet. Wir sind anfälliger für unterschiedliche Infektionskrankheiten, und nach neusten Erkenntnissen wirkt sich die Qualität einer Beziehung sogar auf die Heilungschancen nach einer Brustkrebsoperation aus.“[3]

Wenn Nähebedürftige zu viel erwarten

Nähebedürftig zu sein auf Distanz Wert zu legen, sind Persönlichkeitsmerkmale, die uns zum Teil schon in die Wiege gelegt wurden. Auch in gesunden Beziehungen müssen diese beiden Wesenszüge für beide hilfreich ins gemeinsame Leben eingebettet werden. Fast in jeder Ehe gibt es zwischen Mann und Frau Unterschiede, die aber bewältigt werden, wenn beide kompromissbereit sind.

Der extrem Nähebedürftige und Klammernde hat sehr oft schon in der Kindheit die Erfahrung gemacht, dass er bestimmten Verhaltensmustern folgen muss, um anzukommen und geliebt zu werden. Er hat den aktiven Weg gewählt und benutzt Methoden, um den geliebten Menschen – Vater, Mutter, Großvater, Großmutter, Tanten – für sich zu gewinnen. Die Strategien, die zum Ziel führen, sind vielschichtig. Auch als Erwachsener behält er diese Muster bei, die zum Erfolg geführt haben, zum Beispiel:

- Charme und Liebenswürdigkeit,
- Höflichkeit und Zuvorkommenheit,
- Nachgiebigkeit und Gefallsucht,
- Opferbereitschaft und Verantwortungsbereitschaft.

Je ausgeprägter sein Nähebedürfnis, desto zielbewusster seine Durchsetzungstechniken. Verwöhnung oder Vernachlässigung durch die Eltern hat den Nähebedürftigen geprägt. Wer als Kind verwöhnt und überbeschützt wurde, hatte vermutlich mit einem Elternteil unbewusst ein perfektes Arrangement getroffen. Beide spielten sich perfekt in die Hände. Das Kind verstand es, die Verwöhnung der Bezugsperson hervorzulocken, die Bezugsperson ließ sich gern animieren, das Kind zu verwöhnen. Ist es ein Wunder, wenn der spätere Erwachsene sein „Erfolgsrezept“ fortsetzt?

Tanja ist distanzlos

Neben der Verwöhnung kann aber auch die *Vernachlässigung* zu einer erheblichen Beziehungsabhängigkeit führen. Das wird an einem Mädchen deutlich, das in einem Kinderheim lebte. Vor ein paar Jahren besuchten mein Freund und ich ein Kinderheim, das ein großes Fest feierte. Elternlose Kinder wurden hier in kleinen Gruppen von Pflegeeltern betreut. Als mein Freund und ich durch die Gartenanlagen an den aufgebauten Ständen entlanggingen, wurde mein Begleiter plötzlich von einem Mädchen, das vielleicht zwölf Jahre alt war, angesprochen, heftig umarmt und geküsst. Mein Freund kannte es von früher flüchtig und sah es hier im Kinderheim wieder. Es hätte ein Akt übergroßer Wiedersehensfreude sein können. Wir beobachteten aber, dass das Mädchen immer wieder Mitarbeiter und Mitarbeiterinnen des Hauses und Bekannte umarmte, sich an sie presste, sie küsste und in ein Gespräch zog. Wie ein verdurstendes Geschöpf klammerte es sich an Bezugspersonen, um geliebt und bestätigt zu werden. Einige Male konnten wir beobachten, wie das Mädchen brutal abgemahnt wurde, wenn es sich wie eine Klette an jemand hing. Einer sagte: „Du fällst mir auf den Wecker. Zisch ab!" Das Mädchen pendelte von einem zum anderen, immer auf der Suche nach Liebe, Wärme, Geborgenheit, Verstehen und Verstandenwerden.

Tanja war ein Heimkind mit einer bösen Vergangenheit. Die emotionale Vernachlässigung muss sehr schwer gewesen sein, wenn eine unkontrollierte *Distanzlosigkeit* ein solches Anklammerungsverhalten erzeugt.

Gewiss, das ist ein extremer Fall. Er zeigt aber, welche Folgen gerade die Entbehrung emotionaler Zuwendung in der frühen Kindheit mit sich bringen kann. Ein späterer Lebenspartner wird es schwer haben, die großen Mängel an Zuwendung, Nähe und Wärme auszugleichen. Eine Mitarbeiterin meinte später lakonisch: „Die landet später mal auf der Reeperbahn oder in irgendeiner anderen Stadt im Rotlichtviertel. Die ist doch jetzt schon sexsüchtig."

Nein, Tanja ist nicht sexsüchtig, sie ist liebeshungrig. Krankhaft und krampfhaft sucht sie nach Zuneigung und Wärme. Sie zeigt schon jetzt alle Anzeichen einer Beziehungsabhängigkeit. Werden diese übertriebenen Ansprüche therapeutisch nicht abgebaut und das Mädchen erlebt eine Enttäuschung nach der anderen, *kann* es zur Prostituierten werden, um sich an allen zu rächen, die es wie eine lästige Klette fallen gelassen haben.

Der Distanzierte fühlt sich vom Abhängigen vereinnahmt

Das Zusammenspiel ist unausweichlich: Je mehr ein Partner klammert und einengt, desto mehr fühlt sich der andere in seiner Selbstwerdung gehindert.

- Er fühlt sich vergewaltigt und an die Kette gelegt,
- er versucht bewusst oder unbewusst zu fliehen,
- er flieht in die innere Emigration, in die Arbeit oder in Ehrenämter,
- er geht fremd, weil er glaubt, durch die außereheliche Bindung dem ehelichen Gefängnis entfliehen zu können.

Der Beziehungsabhängige wird bitter, fühlt sich verraten und getäuscht. Er macht Vorwürfe, stürzt sich in Rache- und Hassgefühle hinein und zerstört nun erst recht die Beziehung. Ehe sprengend wird die Situation, wenn böse *Du*-Botschaften benutzt werden:

„Du frisst mich mit Haut und Haaren!“
„Du vereinnahmst mich total!“
„Du kontrollierst mich auf Schritt und Tritt!“
„Du spionierst hinter mir her!“
„Du lässt mir keine Luft zum Atmen!“

Der Beziehungsabhängige entgegnet mit gleicher Waffe:

„Du drückst dich vor mir!“
„Du schämst dich, mit mir verheiratet zu sein!“
„Du liebst mich nicht richtig!“
„Du bist kalt und gefühllos!“
„Du bist grausam und gemein!“

Wo die Fehler der Eheleute liegen

1. Beide glauben, sich verteidigen und rechtfertigen zu müssen

Wer sich rechtfertigt, klagt sich an. Beide Muster verstärken den Kampf. Beide beklagen ihre Unverträglichkeit. Beide kämpfen, suchen aber nicht nach Lösungen.

2. Beide akzeptieren nicht die Eigenarten des anderen

Liebe heißt: Ich versetze mich in den anderen hinein und versuche, seine Bedürfnisse und Wünsche zu verstehen. Wer die Eigenarten des anderen nicht akzeptiert, bemüht sich auch nicht um Gemeinsamkeiten.

3. Beide suchen die Schuld beim anderen

Das ist ein böses Spiel, das seit dem Paradies von Adam und Eva und den nachfolgenden Generationen gespielt wird:

- Der *andere* ist schuld.
- Der *andere* trägt die Verantwortung.
- Der *andere* hat alles falsch gemacht.

Die entscheidende Frage lautet: „Was machen wir *beide* falsch? Was können wir *beide* ändern?“ Nur so lassen sich Nähe und Distanz, Abhängigkeit und Unabhängigkeit korrigieren.

Test: Der eigene Bindungsstil

Im Folgenden finden Sie Selbstbeschreibungen, die sich auf Ihr Erleben in Partnerschaften und ganz allgemein in sozialen Kontakten beziehen. Wählen Sie die Beschreibung aus, die am besten auf Sie zutrifft.

A. Es ist relativ leicht für mich, anderen Menschen emotional nahe zu kommen. Ich fühle mich wohl, wenn ich andere brauche und selbst gebraucht werde. Ich mache mir keine Sorgen darüber, allein zu sein oder nicht akzeptiert zu werden.

B. Ich möchte gern sehr große emotionale Nähe zu anderen haben, aber ich habe auch festgestellt, dass die anderen keine so große Nähe wollen wie ich. Ich fühle mich unwohl ohne enge Beziehungen, aber ich befürchte, dass andere mich nicht so hoch schätzen wie ich sie.

C. Ich fühle mich ein bisschen unwohl, wenn ich anderen sehr nahe komme. Ich wünsche mir gefühlsmäßig enge Beziehungen, aber ich finde es schwierig, anderen vollkommen zu vertrauen oder von anderen abhängig zu sein. Manchmal befürchte ich, verletzt zu werden, wenn ich mir erlaube, zu große Nähe zuzulassen.

D. Ich fühle mich wohl ohne gefühlsmäßig enge Beziehungen. Es ist mir wichtig, mich unabhängig zu fühlen und mir selbst zu genügen. Ich ziehe es vor, niemanden zu brauchen und von niemandem gebraucht zu werden.

Auswertung

„Haben Sie sich für A. entschieden, haben Sie einen sicheren Bindungsstil. B. steht für einen ängstlich-ambivalenten und C. für einen ängstlich-vermeidenden Bindungsstil. Haben Sie sich für D. entschieden, gehören Sie zu den gleichgültig-vermeidenden Menschen.“[4]

Was verraten die Bindungsstile?
Die Sicheren: Die Menschen unter A. verfügen über ein positives Selbstbild und ein positives Fremdbild. Nähe und Distanz sind ausgewogen. Sie fühlen sich akzeptiert und angenommen. Ihre Partnerschaften sind relativ stabil.

Die Ängstlich-Ambivalenten: Diese Menschen verlieben sich häufig. Sie zweifeln allerdings daran, ihrer wahren Liebe begegnet zu sein. Haben sie Beziehungen, sind sie glücklich, haben sie keine, sind sie sehr unglücklich. Sie sind sozusagen das Gegenteil der Sicheren.

Die Ängstlich-Vermeidenden: Sie sind die Gruppe, die am wenigsten zufrieden ist. Sie haben wenig Freunde und Bekannte. Vermutlich bringen sie sich auch wenig ein. Sie haben wenig Vertrauen an ihre Fähigkeiten und leiden unter ungünstigen Stimmungen. Ihnen gelingt es schwer, Konflikte zu bewältigen. Ihr Misstrauen ist groß.

Die Gleichgültig-Vermeidenden: Sie sind nicht besonders unglücklich, auch fühlen sie sich nicht vereinsamt. Es handelt sich um sehr nüchterne Menschen, die von romantischer Liebe nicht überzeugt sind. Diese Gruppe leidet besonders unter Nähe-Distanz-Problemen. Sie pflegt viele Beziehungen, aber es fehlt die Innigkeit und Verbindlichkeit. Viele pflegen eine pessimistische Grundhaltung und reagieren sehr skeptisch. Ihr Glück sehen sie nicht in einer festen Beziehung.

Wenn die Pensionierung droht

Wie kommt es beispielsweise, dass besonders Frauen Angst haben, wenn Männer pensioniert werden? Eine Frau sagte zu mir: „Bisher konnte ich meinen Tag gestalten, wie ich wollte. Einkaufen, die Wohnung sauber halten, Mittagessen kochen, mich nach dem Essen ausruhen. Auf niemand musste ich Rücksicht nehmen."

Eine andere sagte: „Wenn ich daran denke, dass mein Mann den ganzen Tag zu Hause ist, bekomme ich Platzangst. Jede Kleinigkeit muss ich mit ihm abstimmen. Ich verliere völlig meine Freiheit."

Wo ist möglicherweise das Verhältnis von Nähe und Distanz gestört? Im Folgenden ein paar Möglichkeiten.

Möglichkeit 1: Die Frau fühlt sich vom Mann kontrolliert

Vielleicht hat sie einen Partner, der bestimmt und bestimmen will. Er setzt die Maßstäbe bei Geld, bei der Zeit, bei Planungen aller Art. Wenn sie nicht gelernt hat, alle Aktivitäten mit dem Partner *abzustimmen*, dann gilt sein Wort. Er setzt sich durch. Er lebt seine Maßstäbe, seine Verhaltensmuster und stülpt sie der Partnerin über. Wenn sie nicht überzeugend Gegenargumente geltend macht, muss er glauben, dass seine Frau einverstanden ist. Viele Frauen machen sich nicht klar, dass Schweigen Einverständnis signalisiert.

Möglichkeit 2: Eine Frau gibt nach

Zum Partner, der sich durchsetzt, gehört gewöhnlich eine Frau, die das zulässt. Sie lebt unter einem inneren Zwang, der sich in ihrem Kopf etwa so äußert:

- Besser, du gibst nach, dann gibt es keinen Ärger,
- besser, du hältst den Mund, dann hast du einen zufriedenen Mann,
- besser, du schweigst und machst, was du willst.

Frauen, die nachgeben, haben viele Motive. Genau diese Motive müssen herausgearbeitet werden, sonst laufen die Muster weiter. Denn diese inneren, versteckten Motive haben eine Eigendynamik. Durchschauen wir sie nicht, überrollen sie uns.

Möglichkeit 3:
Eine Frau, die schweigt, aber macht, was sie will

Besonders die Frauen, die schweigen, die zu allem Ja und Amen sagen, aber machen, was sie wollen, haben so lange keine Probleme, wie der Mann mindestens zehn Stunden am Tag abwesend ist. Sie hören sich abends und am Wochenende seine Vorstellungen an. Aber in der Woche und am Tag machen sie, was sie wollen. Sie erkaufen sich eine unehrliche Freiheit. Es ist klar: Wenn diese Männer pensioniert werden, ist die Angst der Frau groß, sie könnte nicht mehr leben wie bisher. Jetzt fühlt sie sich pausenlos kontrolliert und beobachtet.

Möglichkeit 4:
Eine Frau erlebt ihren Mann als Perfektionisten

Schwer wird es für Frauen, die mit einem Perfektionisten oder einem zwanghaften Partner verheiratet sind. Wird er pensioniert, hat er viel Zeit, seine zwanghaften Lebensgewohnheiten zu pflegen. In Haus und Garten kann er zum leibhaftigen Tyrannen werden. Übertriebene Zwanghaftigkeit ist in der Tat eine Beziehungsstörung, die das Zusammenleben blockiert.

Ein äußerst zwanghafter Ingenieur kam in meine Beratung, der in einer Firma für Sicherheitsschlösser arbeitete. Er war dort mit Leib und Leben tätig. Mehrere Patente hatte er angemeldet, für die Firma war er ein großer Gewinn. Hobbys hatte er keine. Sein ganzes Denken und Planen waren mit der Firma verknüpft.

Als er pensioniert wurde, begann für die Ehe eine schlimme Zeit. Die beiden Kinder hatten längst das Haus verlassen, waren in festen Stellungen und wohnten weit vom Elternhaus entfernt.

Die perfektionistische Lebenseinstellung des Pensionärs wirkte sich jetzt verheerend aus. Er konnte ohne bestimmte Schemata und Regeln nicht leben. Seine Frau pflegte hinter dem Haus einen bunten Garten mit Blumen und Sträuchern, die wild durcheinander wuchsen. Für ihn war dieses Chaos ein Gräuel. Ohne seine Frau zu fragen, riss er alles mit Stumpf und Stil aus und pflanzte Begonien und andere Blumen – alle in Reih und Glied! Man hätte eine Schnur daran legen können. Frühstück und Mittagessen mussten minutengenau auf dem Tisch stehen. Auch die Küche brachte er auf Vordermann. Er konnte das „Durcheinander" nicht mit ansehen und ordnete Geschirr und Töpfe in den Schränken neu. Die Spülmaschine wurde nicht mehr angeschaltet. Er half seiner Frau beim Abwaschen. Sie durfte abtrocknen. Er wollte Wasser sparen.

Ihre gemeinsame Kommunikation bestand vorwiegend aus Kritik, guten Ratschlägen und Verbesserungsvorschlägen, die seinem Lebensstil entsprachen. Bis zur Pensionierung hatte die Frau ein ruhiges und selbstverantwortetes Leben geführt. Jetzt stand sie unter ständiger Kontrolle und wurde fremdbestimmt.

In Beratung und Seelsorge kommen selten Menschen über fünfundsechzig Jahre. Diese beiden taten es. Ihre Ehe war zum Zerreißen gespannt. Viele Gespräche waren notwendig, um die tägliche Spannung zu mildern. Der Mann hatte Angst, seine fest gefügte Persönlichkeit zu verlieren. Die Frau hatte Angst, ihre Freiheit und Selbständigkeit im letzten Lebensabschnitt einzubüßen. Weil beide Christen waren, gelang es ihnen besser als anderen in einer vergleichbaren Situation, die Bedürfnisse des Partners zu verstehen und im Alltag zu respektieren. Beide vereinbarten feste Regeln und formulierten klare Bereiche der Abgrenzung, um nicht ständig mit übertriebenen Ansprüchen konfrontiert zu werden.

Nähe und Distanz sind äußerst wichtige Aspekte in jeder Partnerbeziehung. Sie offenbaren Stärken und Schwächen im Zusammenleben. Selbstbewussten und selbstvertrauenden Menschen, die liebes- und beziehungsfähig sind, gelingt es immer wieder, Nähe und Distanz für beide Partner ausgewogen zu praktizieren.

5

Beziehungsabhängigkeit spiegelt sich in einem problematischen Lebensstil

Der Beziehungsabhängige spiegelt Lebensüberzeugungen wider, die im Zusammenleben destruktive Züge annehmen. Er hat sich Vorstellungen zu Eigen gemacht, die sich unpartnerschaftlich und liebesfeindlich auswirken.

Was den Lebensstil kennzeichnet

Jeder Mensch pflegt einen bestimmten Lebensstil. Er kennzeichnet unser Denken, Fühlen und Handeln wie unsere Überzeugungen, Grundsätze, Werte, Lebens- und Glaubenseinstellung.

Der Lebensstil schließt ein:

- unsere Vorurteile,
- unsere Defizite und Schwächen,
- unsere irrationalen Überzeugungen,
- unsere falschen Glaubensvorstellungen und
- unsere fragwürdigen Lebenseinstellungen.

Den Lebensstil haben wir uns im Umgang mit Eltern, Großeltern und Geschwistern angeeignet. Er spiegelt die Hauptakzente unserer Persönlichkeitsstruktur wider. Allerdings kennzeichnet er auch die Schwachstellen unserer Liebesfähigkeit. Er offenbart unsere Beziehungsabhängigkeit.

Vielleicht haben wir gelernt, nur die völlig selbstlose Liebe, die alle eigenen Wünsche und Bedürfnisse ignoriert, sei die wahre christliche Liebe. Dann gehören wir zu den Menschen, die geben, ohne nehmen zu wollen, schenken, ohne selbst beschenkt zu werden. Nicht wenige opfern sich auf und erziehen, ohne dass sie es wollen, den Partner zum Egoisten. Er lässt sich bedienen, reagiert mit Pascha-Allüren und fördert die Vorstellung seiner Partnerin, seine Sklavin zu sein. Beziehungsabhängige sind keine reifen Erwachsenen geworden. Sie denken und handeln unselbständig. Ihnen gelingt es nicht, eigene Entscheidungen zu treffen. Sie leben in Abhängigkeit von Vater und Mutter, die planen, raten und bedienen, und lassen sich gern führen und manipulieren. Wie Unreife genießen sie die Abhängigkeit und gehen den Weg des geringsten Widerstandes. Beziehungsabhängige reagieren. Sie bleiben passiv und lassen sich bestimmen. Selbst die *aktive* Sklavin bleibt eine Sklavin, weil sie glaubt, nur durch Dienen etwas Liebe zu bekommen. Dazu gehört auch, dass viele nicht nein sagen können. So geschieht es, dass sie ausgenutzt, ausgesaugt und ausgebeutet werden.

Da alle Menschen unterschiedliche Beziehungsstrategien lernen und leben, gibt es auch unterschiedliche Beziehungsabhängigkeiten. Da es die unterschiedlichsten Gesichter dieser Störung gibt, können auch verschiedene Abhängigkeitsstrukturen im Lebensstil programmiert werden. Wir lernen eines der folgenden Verhaltensmuster:

- Uns aufzuopfern,
- zu kontrollieren und zu manipulieren,
- uns bedienen und verwöhnen zu lassen,
- eifersüchtig unseren „Besitz“ zu schützen,
- mit Macht und Gewalt unsere Wünsche durchzusetzen.

Das sind fünf ausgewählte Beziehungsstörungen. Im Zusammenleben der Menschen kristallisieren sich weit mehr heraus.

Die fünf wichtigsten Faktoren für den Lebensstil

Die folgenden fünf Faktoren, die gemeinsam den Lebensstil bilden, spiegeln exakt Stärken und Schwächen, Liebesfähigkeit und Konfliktfähigkeit, Abhängigkeit und Unabhängigkeit wider.

Faktor 1:
Wie sehen und erleben Sie sich selbst?

Bin ich:

- ❍ egoistisch
- ❍ perfektionistisch
- ❍ ehrgeizig
- ❍ durchsetzungsstark
- ❍ unzufrieden
- ❍ verwöhnt
- ❍ verantwortungsbewusst
- ❍ zuverlässig
- ❍ durchsetzungsschwach
- ❍ gefühlsbetont
- ❍ grüblerisch
- ❍ zufrieden
- ❍ integer
- ❍ freiheitsliebend

Welche Eigenschaften, die nicht hier genannt sind, kennzeichnen Sie noch?

Können Sie die zwei oder drei wichtigsten Eigenschaften, die am treffendsten Ihr Wesen charakterisieren, bestimmen? Stimmt Ihr Partner mit Ihren Aussagen überein?

Faktor 2:
Wie sehe ich die anderen? Wie sehen die anderen mich?

- ❍ Ich sehe mich überlegen,
- ❍ ich fühle mich unterlegen,
- ❍ ich zweifle an meiner Intelligenz,
- ❍ ich lasse lieber andere für mich aktiv werden,
- ❍ ich achte besonders darauf, was sie von mir halten,
- ❍ ich erwarte die Initiative von anderen,
- ❍ ich muss in Beziehungen führen,
- ❍ ich will mich in Beziehungen anlehnen,

❍ ich erwarte von anderen Menschen Unterordnung,

❍ ich reagiere unangenehm, wenn ich kritisiert werde,

❍ andere halten mich für arrogant,

❍ andere glauben, mich völlig vereinnahmen zu können,

❍ andere halten mich für autoritär,

❍ andere meinen, ich sei zu nachgiebig,

❍ andere unterstellen, ich lasse mich ausbeuten.

Hinweise für die Auswertung des Faktors 2:

1. Welche Aussagen spiegeln deutlich Ihre Beziehungsmuster wider?
2. Gibt es Beziehungseigenarten, die unter Faktor 2 nicht genannt werden und die für Sie zutreffen?
3. Wenn Sie zwei oder drei Ihrer wichtigsten Umgangsmuster benannt haben: Was sagen sie über Ihre Beziehungsabhängigkeit aus?

Faktor 3: Wie erleben Sie die Welt, das Leben und die Gottesbeziehung?

❍ Die Welt ist für mich ein Jammertal,

❍ die Welt ist eine Belastung für mich,

❍ die Welt ist für mich eine Herausforderung,

❍ die Welt ist mein Arbeitsplatz,

❍ das Leben bedeutet für mich Stress,

❍ das Leben ist abwechslungsreich und interessant,

❍ das Leben macht Freude,

❍ ich bin mit dem Leben unzufrieden,

❍ ich pflege eine innige Gottesbeziehung,

❍ ich habe eine zerbrochene Gottesbeziehung,

❍ ich erlebe bei Gott keine Geborgenheit und keinen Trost,

❍ die Gottesbeziehung beglückt mein Leben,

❍ die Gottesbeziehung fördert alle meine Beziehungen.

Hinweise für die Auswertung des Faktors 3:

1. Welche Aussagen über die Welt, das Leben und Gott spiegeln in erster Linie Ihre Befindlichkeit wider?
2. Welche Einstellungen zur Welt, zum Leben und zu Gott fehlen in den Beispielen, die konkreter Ihre persönliche Lage kennzeichnen?
3. Wenn Sie die zwei oder drei treffendsten Aussagen formulieren: Was sagen diese über Ihre Beziehungsabhängigkeit oder über Ihre Beziehungsfähigkeit aus?

Faktor 4:
Welche Ziele verfolgen Sie in Ihrem Leben?

Unter Zielen verstehen wir hier *nicht* berufliche Pläne oder materielle Erfolge, sondern in der Hauptsache unbewusste Lebens-Grundüberzeugungen und Leitideen. Unter Zielen verstehen wir *nicht* Wünsche, sondern Einstellungsmuster, die Sie bewusst oder unbewusst leben.

Im Folgenden werden vorwiegend Ziele genannt, die mit Beziehungen zu tun haben.

❍ Ich will in erster Linie nehmen und nicht geben;

❍ ich verstehe mich als Helfertyp;

❍ ich verschaffe mir Liebe und Anerkennung durch Fürsorge;

❍ ich lebe so, dass ich bedient und versorgt werde;

- ❍ man sagt von mir, ich verhielte mich wie ein Kind, das betreut sein wolle;
- ❍ ich gebe zu, dass ich Pascha-Allüren an den Tag lege;
- ❍ ich kann wie ein Tyrann sein, der zwanghaft seine Vorstellungen durchsetzt;
- ❍ ich wurde in der Familie „Prinzessin" genannt und wünsche, auch so behandelt zu werden;
- ❍ ich war immer der „Prinz", der eine Sonderrolle beanspruchte;
- ❍ ich bin nur glücklich, wenn mein Partner glücklich ist;
- ❍ ich war von Kind an das Opfer und muss diese Rolle wohl erfüllen;
- ❍ ich bin sehr eifersüchtig und will den Partner/die Partnerin ganz für mich haben;
- ❍ ich kann nur sehr schwer allein sein und enge meinen Partner/meine Partnerin ein;
- ❍ ich tue alles für den anderen, um geliebt zu werden.

Hinweise für die Auswertung des Faktors 4:

1. Welche Aussagen über Ihre Ziele spiegeln in erster Linie Ihre Grundüberzeugungen wider?
2. Gibt es Ziele in Bezug auf Ehe und Partnerschaft, die nicht genannt wurden und konkret Ihre unterschwelligen Überzeugungen spiegeln?
3. Wenn Sie ein bis zwei Kernaussagen formulieren: Welche verkörpern am ehesten Ihre Leitvorstellungen von Ehe und Partnerschaft?

Faktor 5: Mit welchen Mitteln und Methoden verfolgen Sie Ziele?

Auch die Methoden und Umgangsstrategien, um unsere Ziele in Beziehungen zu verfolgen, können unbewusst und unverstanden eingesetzt werden. Hier eine Reihe von Beispielen– vielleicht entdecken Sie eigene Methoden:

- ❍ Ich mache dem anderen Schuldgefühle und verstärke damit meine Ansprüche;
- ❍ ich jage dem anderen Angst ein, damit er meinen Forderungen gerecht wird;
- ❍ ich bin schwach und hilflos, das fördert seine Aktivität;
- ❍ ich werde jähzornig und mache ihn gefügig;
- ❍ ich werde oft krank und muss versorgt werden;
- ❍ ich habe zwei linke Hände, folglich muss der andere zupacken;
- ❍ ich habe Verantwortung nicht gelernt und suche einen, der Verantwortung übernimmt;
- ❍ ich kann gut delegieren, ich muss die Arbeit nicht selbst machen;
- ❍ ich führe und bestimme, sonst wird über mich bestimmt;
- ❍ ich praktiziere autoritäre Methoden, dann weiß ich, dass es klappt;
- ❍ ich diene, dann habe ich – trotz allem – das Heft in der Hand;
- ❍ ich diene und verschaffe mir auf diese Weise Zuwendung;
- ❍ ich mache mich abhängig, dann trage ich auch keine Verantwortung;
- ❍ ich mache mich abhängig, denn ich will nichts falsch machen;
- ❍ ich gehorche und habe die wenigsten Probleme;
- ❍ ich stelle mich dumm, und es findet sich immer jemand, der die Aufgaben erledigt;
- ❍ ich verstehe mich auf Erpressen, das funktioniert;
- ❍ ich klammere, weil ich Angst habe, verlassen zu werden;
- ❍ ich klammere, denn ich kann nicht allein sein;
- ❍ ich kontrolliere den anderen;
- ❍ ich opfere mich auf und ernte dafür Dank und Liebe.

Hinweise zur Auswertung von Faktor 5:

1. Benennen Sie zwei oder drei Umgangsmuster und Strategien, die hier aufgeführt wurden und in erster Linie Ihre Verhaltenseigenarten charakterisieren.
2. Welche Verhaltensmuster, die nicht in der Aufzählung genannt

wurden, kennzeichnen noch konkreter Ihre Verhaltensstrategien in der Beziehung? Versuchen Sie, diese Strategien wortwörtlich zu formulieren.
3. Welche Umgangsmuster in Ihrer Partnerschaft sind positiv?
4. Welche Umgangsmuster in Ihrer Partnerschaft sind negativ?
5. Welche Muster, die keine Partnerschaft und gleichwertige Liebe demonstrieren, wollen Sie ins Gebet und in Arbeit nehmen?
6. Wenn Sie Schwierigkeiten mit den eigenen Aussagen haben, bitten Sie Ihren Partner, für Sie den Faktor fünf auszufüllen.

Anregungen für die Auswertung Ihres Lebensstils

1. Um herauszufinden, welche versteckten und oft unbewussten Einstellungs- und Reaktionsmuster Ihre Beziehung belasten, brauchen Sie nicht unbedingt einen professionellen Berater und Seelsorger. Wenn Sie ehrlich und ernsthaft die einzelnen Faktoren bearbeiten und auswerten, erschließen sich Ihnen wahrscheinlich Ihre Beziehungsmängel.
2. Sie haben die Möglichkeit, mit Ihrem Partner gemeinsam die fünf Aspekte der Lebensstilmuster zu bearbeiten. Dafür besprechen Sie am besten im Voraus ein gemeinsames Ziel, etwa: „Wir wollen uns über unsere Schwächen und Beziehungsstörungen unterhalten und gemeinsam überlegen, was wir beide tun können, um die Partnerschaft zu verbessern."
3. Die Äußerungen Ihres Partners sollten Sie nicht gleich werten oder ablehnen. Weiter führt eine Reaktion wie diese: „Ich danke dir, dass du sagst, wie du unsere Beziehung beurteilst." Oder: „Über deine Sicht der Dinge will ich ehrlich nachdenken." Nehmen Sie also Gefühle und Beurteilungen Ihres Partners ernst! „Du fühlst es so, ich will es hören!" „Du erlebst es so, ich will es ehrlich prüfen." Nur so vermeiden Sie Machtkämpfe und unfruchtbare Diskussionen.
4. Wenn Sie sich zerstreiten und keine gemeinsame Basis finden, suchen Sie *beide gemeinsam* einen Fachseelsorger oder Berater auf, der Ihnen hilft, die Ehestörungen zu verringern. Bezie-

hungsabhängigkeit fördert negative Gedanken, aggressive Gefühle und partnerschaftsfeindliche Einstellungen. Es ist natürlich, dass Sie in diesem Fall nicht im Handumdrehen zu einer Lösung kommen.

Beziehungsabhängigkeit in Ehe und Partnerschaft – Ein Selbsterforschungsbogen

	stimmt nicht	stimmt
Ich übernehme leicht die Verantwortung für Menschen, die sich nicht verantwortlich fühlen	❍	❍
Ich werde von zwanghaften Verhaltensmustern getrieben (Arbeitssucht, Magersucht, Essbrechsucht, Putzsucht, Eifersucht, Perfektionismus oder andere)	❍	❍
Ich begegne immer wieder Menschen, um die ich mich kümmern muss	❍	❍
Ich bin damit aufgewachsen, mir Sorgen um andere Menschen zu machen	❍	❍
Ich reagiere sofort auf Schmerzen und Probleme anderer Menschen	❍	❍
Ich empfinde Angst, Mitleid und Schuld, wenn andere Menschen ein Problem haben	❍	❍
Ich fühle mich nahezu gezwungen, anderen Menschen zu helfen	❍	❍
Ich ertappe mich oft dabei, dass ich Ratschläge gebe und Vorschläge mache	❍	❍
Ich bin enttäuscht, wenn andere Menschen meine Vorschläge nicht annehmen	❍	❍

Ich kann sehr schwer nein sagen und ärgere mich oft, wenn ich ja gesagt habe	❍	❍
Ich bin bemüht, in erster Linie andere Menschen zu beglücken	❍	❍
Ich werde von anderen als Helfertyp gekennzeichnet	❍	❍
Ich leiste häufig mehr, als von mir verlangt wird	❍	❍
Ich helfe, um mich wohl zu fühlen	❍	❍
Ich fühle mich schuldig, wenn ich meinen Partner nicht glücklich mache	❍	❍
Ich sage und denke häufig: Deine Probleme sind meine Probleme	❍	❍
Ich habe es gern, wenn andere mich versorgen und betreuen	❍	❍
Ich bin als Frau völlig einverstanden, dass mein Mann alle Entscheidungen trifft	❍	❍
Ich bin intensiv auf der Suche nach Liebe und Anerkennung	❍	❍
Ich kann nur schwer Geschenke annehmen	❍	❍
Ich bin überzeugt, mein Glück hängt von anderen Menschen ab	❍	❍
Ich bin von Stimmungen und Gefühlen anderer Menschen abhängig	❍	❍
Ich opfere mich auf, um geliebt zu werden	❍	❍
Ich ertappe mich dabei, dass ich andere kontrolliere und manipuliere	❍	❍
Ich kreise um den anderen und vernachlässige meine Bedürfnisse bin wenig selbständig und abhängig von meinem Partner	❍	❍
Ich bin oft krank aus Sorge um den Partner	❍	❍

Ich habe oft das Gefühl, nicht genug für den Partner getan zu haben	❍	❍
Ich glaube, dass der Partner viel zu wenig für mich da ist	❍	❍
Ich habe immer wieder Angst, vom Partner verlassen zu werden	❍	❍
Ich kann zu mir selbst nicht ja sagen	❍	❍
Ich kann meinem Partner ganz schlecht vertrauen	❍	❍
Ich schweige lieber, weil ich befürchte, den Partner wütend zu machen	❍	❍

Hinweise zur Auswertung

1. Der Fragebogen ist in erster Linie auf Ehe und Partnerschaft bezogen. Er kann aber auch auf alle Beziehungen angewendet werden, die im Zusammenleben von Menschen existieren. Die Aussagen beziehen sich jeweils auf beide Geschlechter.

2. Der Fragebogen soll lediglich Anregungen geben für erkannte und unerkannte, bewusste und unbewusste Zusammenspielmuster.

3. Der Selbsterforschungsbogen spricht in erster Linie problematische und ungesunde Beziehungspraktiken an, die die Harmonie zerstören können. In allen Aussagen kann ein falsches Zusammenspiel zur Sprache kommen.

4. Wenn Sie mehr als siebenmal „stimmt" angekreuzt haben, liegt der Verdacht nahe, dass die Beziehung auch von destruktiven Beziehungsmustern belastet wird.

5. Auch wenn Sie nur einige Male „stimmt" angekreuzt haben, besteht die Möglichkeit, dass eine spezielle Abhängigkeit Ihre Beziehung stören kann. Vielleicht sind beide auf bestimmten Gebieten unzufrieden und verdrängen die Probleme.

6. Wenn Sie Gewissheit haben möchten, lassen Sie den Fragebogen am besten auch von Ihrem Partner bzw. von einer vertrauten Person Ihrer Umgebung ausfüllen. Diese Menschen können uns aus der Distanz heraus besser beurteilen. Wichtig ist, dass Sie über das Ergebnis keinen Streit vom Zaun brechen. Sie können den Partner oder den Vertrauten fragen, wie er zu der Beurteilung gekommen ist.

7. Jeder muss für sich entscheiden, ob eine der zahlreichen Beziehungsabhängigkeiten vorliegt und für ihn zum Problem geworden ist. Wenn beide eine bestimmte Unzufriedenheit in der Partnerschaft erleben, ist es ratsam, mit einem Fachseelsorger oder einem Fachberater die fragwürdigen Umgangsmuster zu besprechen und Lösungen zu erarbeiten.

6

Wie gelungene Beziehungen aussehen können

Zwei Menschen sind voneinander abhängig und unabhängig zugleich. Eine falsche Abhängigkeit

- fesselt die Partner,
- klammert den Partner,
- will den Partner besitzen.

Unabhängige Partner üben keinen Zwang aus

Die ausgeglichene Beziehung produziert keine Gefühle des Zwangs. Jeder kann vom anderen Abstand halten, ohne ein Gefühl der Bedrohung hervorzurufen. Zu abhängige Partner beobachten und kontrollieren sich, sie haben Angst, voreinander alle Gefühle offen anzusprechen. Sie denken zum Beispiel:

„Wenn ich alles sage, was ich denke, verletze ich ihn."

„Ich muss meine Worte auf die Goldwaage legen."

„Wenn ich meine Gedanken offenbare, denkt vielleicht der andere, unsere Beziehung ist nicht perfekt."

„Ich traue mich nicht, etwas zu tun, weil ich Angst habe, der andere könnte falsch reagieren."

Der Abhängige kann ohne den anderen nicht leben. Beide praktizieren eine unheilvolle Symbiose. Sie saugen sich aus, statt sich zu beschenken. Abhängige Partner sind heillos miteinander verstrickt. Abhängige Partner sind wie siamesische Zwillinge, sie sind aneinander gekettet. Unabhängige Partner dagegen gehen ohne den anderen nicht unter. Sie haben sich freiwillig entschieden, den anderen zu lieben. Die Freiheit zu lieben ist eine Freiheit der Wahl.

Zur Liebe gehört auch Unabhängigkeit.

- Ich gehe mal allein einkaufen.
- Ich gehe mal allein spazieren.
- Ich ziehe mich mal allein zurück.

Der Partner gerät nicht aus dem Häuschen und in Panik. Jeder pflegt sein eigenes Hobby, aber dann kommen beide wieder zusammen und tauschen sich aus. Der Abhängige erlebt sein Zuhause wie ein Gefängnis und nicht wie ein Refugium, das Schutz und Freiraum bietet. In einer harmonischen Partnerschaft bleibt jeder der beiden ein Einzelwesen. Jeder behält seine Freiheit. Beide beschenken sich, können aber auch ihre Unabhängigkeit genießen. Unabhängige Partner gönnen dem anderen seine individuelle Entfaltung. Geben und nehmen stehen im Einklang. Schenken und beschenkt werden sind ausgeglichen. Der Liebestank ist gefüllt, der andere muss nicht ausgenutzt und ausgebeutet werden. Beide können unterschiedliche Tätigkeiten realisieren, keiner läuft pausenlos hinter dem anderen her und schneidet ihm die Luft ab. Sie müssen nicht alles gemeinsam machen. Jeder kann sich frei entfalten. Dann sind die Zeiten der Kommunikation, des Austausches von Gefühlen und Zeiten der Nähe wohltuend und befriedigend. Eifersucht dagegen

- ist Besitzgier,
- will den anderen an die Kette legen,
- ist Liebe mit leerem Tank,
- ist Freiheitsberaubung,
- ist Erwartungsdruck,
- ist Liebesausbeutung.

Der leere Liebestank soll gewaltsam mit dem anderen gefüllt werden. Diese Sucht, geliebt zu werden, dieser Zwang, Zuwendung zu erhalten, zerstört jede Liebesbeziehung.

Wer auf kleinste Anzeichen mangelnder Zuwendung reagiert, wer sofort Kritik und Vorwürfe anmeldet, der zerstört systematisch die Partnerschaft. Ein Mensch, dessen Liebestank gefüllt ist,

- schenkt Vertrauen,
- verdächtigt nicht voreilig,
- kann gelassen akzeptieren, dass der andere auch mit anderen Menschen enge Beziehungen pflegt,
- pflegt auch Freundschaften mit anderen Ehepaaren und zieht sich nicht in die Isolation zurück.

Abhängig Liebende sind auch stimmungsmäßig an den anderen gefesselt. Ist dieser oben, geht es dem Abhängigen auch gut. Ist er unten, wird der Abhängige seelisch mit in die Tiefe gezogen. Ist der andere unglücklich, steckt das Unglück augenblicklich an. Abhängig Liebende sind Reagierende. Selten werden sie in der Liebe aktiv. Auch die aktive Sklavin tut alles für den Pascha, dem sie ergeben die Wünsche von den Lippen abliest. Jede Stimmung des anderen wird sorgfältig wahrgenommen. Dem Abhängigen fehlt die Kraft, die schwache Stimmung des anderen zu heben, Zuneigung und Zärtlichkeit zu schenken. Er leidet, weil er nichts bekommt. Ein leerer Liebestank kann eben nicht schenken.

Merkmale einer gesunden Partnerschaft

Zwei selbständige Persönlichkeiten schließen sich zum WIR zusammen. Sie geben ihr ICH nicht mit der Hochzeit ab; jeder ist für sich verantwortlich. Beide finden zusammen und können sich abgrenzen.

Welche Faktoren bestimmen eine gesunde Partnerschaft?

Faktor 1: Intimität

Intimität ist der Sammelbegriff für Nähe, Wärme, Geborgenheit, Freundschaft und Körperkontakt. Jeder erlebt diese Schlüsselbegriffe anders. Denn jeder hat seine Erfahrungen mit Nähe, Geborgenheit und Freundschaft gemacht. Intimität in einer gesunden Partnerschaft schließt ein:

- Die sexuellen Kontakte sind für beide befriedigend,

- Nähe, Geborgenheit und Freundschaft können sich beide schenken,
- keiner beansprucht den anderen über Gebühr und belastet die Partnerschaft.

Faktor 2: Nähe

Die Sozialisation jedes Menschen läuft unterschiedlich. Jeder wächst anders auf, lernt andere Verhaltensmuster, wird zu einem einzigartigen Menschen. Aber der Prozess des Erwachsenwerdens hat ein Ziel: Aus der völligen Abhängigkeit des Säuglings zur Mutter soll sich im späteren Leben eine gesunde Selbständigkeit ergeben. Schrittweise soll sich eine lebensnotwendige Trennung und Abnabelung vollziehen. Der Mensch reift, kann loslassen und grenzt sein ICH vom DU ab. Er genießt die Nähe im ehelichen Zusammenleben, klebt nicht am anderen, kann den Partner freigeben und ist so zur Nähe fähig.

Nähe bedeutet: Beide

- sind gern zusammen, ohne sich einzuengen,
- tauschen häufig spontane Zärtlichkeiten aus,
- pflegen eine rege Kommunikation,
- können sich gut riechen,
- können sich vertrauensvoll füreinander öffnen,
- können ohne Angst ihre Gefühle und Empfindungen äußern.

Faktor 3: Zuneigung

Beide Partner erleben in der Ehe Spannungen und Auseinandersetzungen. Aber die Zuneigung kittet die Konflikte. Die Liebe überwindet die Schwierigkeiten. Bleibende Zuneigung ist ein Barometer für gelungene Partnerschaften. Konflikte werden nicht totgeschwiegen und verdrängt. Die Zuneigung ist der Antrieb, alle Partnerprobleme hilfreich zu lösen.

Faktor 4: Ausgewogenheit von Nähe und Distanz

Beziehungsabhängigkeit hat immer mit Problemen durch unausgewogene Nähe und Distanz zu tun. Wer klammert, überzieht sein Nähebedürfnis. Wer vor dem Partner flieht, und zwar in Arbeit, Ehrenämter oder in eine andere Beziehung, hat ebenso ein Problem mit Nähe und Distanz. Glückliche Paare betonen, dass Nähe und Distanz, Zärtlichkeitsbedürfnisse und Unabhängigkeitsbestrebungen bei ihnen ausgewogen sind.

Faktor 5: Gemeinschaftsfähigkeit

Alfred Adler, der Begründer der Individualpsychologie, bezeichnete das Gemeinschaftsgefühl als Indikator für Zufriedenheit, seelische Gesundheit und Liebesfähigkeit. Menschen, die gemeinschaftsfähig leben, sind auch liebesfähig und konfliktfähig. Sie praktizieren kein ständiges Misstrauen. Sie verkehren vertrauensvoll miteinander.

Gemeinschaftsgefühl haben Menschen, die einander achten und respektieren, obwohl sie unterschiedlich denken, fühlen und handeln.

Gemeinschaftsgefühl ist

- das Gegenteil von Macht- und Geltungsstreben,
- das starke Empfinden: „Wir gehören zusammen“.

Gemeinschaftsfähigkeit führt zu praktizierter Nächstenliebe.

Faktor 6: Ausgewogenes Geben und Nehmen

Eine gesunde Partnerschaft pflegt ein ausgewogenes Geben und Nehmen. Schenken und beschenkt werden sind im Gleichgewicht. Beglücken und beglückt werden halten sich einigermaßen die Waage. Gelten und gelten lassen werden von beiden Partnern positiv erlebt. Beide fühlen sich angenommen und akzeptiert. Beide fühlen sich respektiert und ernst genommen.

Faktor 7: Partnerschaftlichkeit

Partnerschaft heißt: Selbstliebe und Nächstenliebe sind unteilbar. Der Partner ist – so der Duden – ein Teilhaber, Mitspieler, Gefährte. Beide teilen ihre Bedürfnisse, ihre Erwartungen, ihre Pläne. Keiner beherrscht den anderen. Keiner klebt am anderen, keiner überfordert den anderen. Bei allen Aktionen spielen beide mit. Sie sind Gefährten auf dem Weg zur Ewigkeit. Gefährten teilen alles miteinander. Sie leben nicht wie Ackergäule, die stumm nebeneinander herlaufen müssen, während sie ihre Arbeit verrichten.

Faktor 8: Heiterkeit

Wenn die sieben bisher besprochenen Faktoren stimmen, haben wir es in der Regel mit einer heiter gestimmten Paarbeziehung zu tun. Beide sind nicht belastet, sondern froh und im Wesentlichen glücklich. Heiterkeit schließt Lockerheit und Leichtigkeit mit ein. Alle Lasten werden gemeinsam getragen und bewältigt. Heiterkeit ist mehr als ein trotziges Dennoch. Heiterkeit beinhaltet: Beide sind zufrieden und gelöst. Beide können über sich und ihre Eigenarten lachen.

Wer in einer gesunden Beziehung lebt, erspart sich Selbstvorwürfe

Wer selbstvertrauend in einer Beziehung lebt, sagt, was er denkt und was er fühlt. Seine gesunde Unabhängigkeit erlaubt ihm, positive oder negative Empfindungen zu äußern. Er begegnet dem Partner gleichwertig.

Selbstvorwürfe in der Partnerschaft deuten in der Regel darauf hin, dass einer sich nicht traut, offen und ehrlich mit dem anderen zu reden. Aus Angst, dem anderen etwas vorzuwerfen, macht er *sich* Vorwürfe und nimmt wirkliche oder eingebildete Schuld auf sich.

Selbstvorwürfe und Selbstverletzungen spielen in vielen Partnerbeziehungen eine große Rolle. Es leuchtet ein: Je abhängiger ein Mensch vom anderen ist, desto schweigsamer und vorsichtiger geht er mit ihm um.

Besonders der Abhängige, der den Partner schonen will, der ihm Vorwürfe erspart, macht sich Selbstvorwürfe.

- Er sieht die Schuld nur bei sich.
- Er wühlt in eigenen Wunden.
- Er zerfleischt sich selbst.

Eine Mutter von vier Kindern nahm sich eines Tages das Leben und hinterließ einen Abschiedsbrief an ihren Mann mit folgendem Inhalt: „Wenn ich tot bin, wirst du als Ehemann immer eine bessere Frau finden, die zu dir passt. du wirst auch eine bessere Köchin finden, denn ich weiß, ich bin eine schlechte Hausfrau. Und vor allem, du wirst eine bessere Erzieherin für unsere Kinder finden. Ich habe als Ehefrau, als Köchin und Erzieherin versagt."

Wer solche trostlosen Selbstvorwürfe an sich richtet, kann sich nur aus dem Leben stehlen. Er glaubt nicht an sich und ist überzeugt, ein Versager zu sein. Was bewirken Selbstvorwürfe? Der Mensch

- verletzt sich, um nicht den Partner zu verletzen,
- bestraft sich, um nicht den Partner zu bestrafen,
- nimmt alle Schuld auf sich, um nicht kritisiert zu werden.

Wir finden alle Elemente wieder, die einen Menschen hilflos, klein, abhängig und wertlos erscheinen lassen. Weil diese Frau es nicht wagte, offen darüber zu sprechen, stahl sie sich aus dem Leben. Menschen mit Selbstbewusstsein sagen, was sie auf dem Herzen haben. Menschen mit Selbstbewusstsein stehen dem Partner stark und gleichwertig gegenüber. Menschen mit Selbstwertgefühl machen sich nicht zu Märtyrern.

Beide schätzen sich und kennen ihre Stärken und Schwächen. Beide arbeiten Hand in Hand. Beide praktizieren geben und nehmen, schenken und beschenkt werden. Beide haben das Gefühl: „Wir sind gleichwertig füreinander da."

Das befriedigende Zusammenspiel

Das Gegenteil von Beziehungsabhängigkeit ist nicht Beziehungsunabhängigkeit. Der völlig Unabhängige ist

- der Distanzierte,
- der Unnahbare,
- der Eigenbrötler.

Er braucht den anderen nicht. Gute Partnerschaft ist das Zusammenspiel von Abhängigkeit und Unabhängigkeit. Geben und Nehmen sind ausgewogen.

Die amerikanischen Psychiater und Psychologen Hemfelt, Minirth und Meier beschreiben es so: „Das beste Beispiel für wechselseitige Abhängigkeit ist die Fußball-Nationalmannschaft. Sie wird aus den besten Spielern der erfolgreichsten Vereine des ganzen Landes zusammengestellt. Jeder dieser Spieler ist einzigartig und unabhängig in seinen Stärken und Schwächen. Aber es reicht nicht aus, die Spieler einfach zusammenzubringen, auf den Platz zu schicken und gegen eine andere Mannschaft antreten zu lassen. Vorher müssen sie noch ins Trainingslager, wo der Nationaltrainer die Aufgabe hat, alle diese unabhängigen Spitzensportler zu einer Mannschaft zusammenzuschweißen, in der jeder Einzelne in Abhängigkeit von allen anderen seine Stärken voll zur Entfaltung bringen kann.“[5]

Abhängigkeit und Unabhängigkeit sind zwei Einstellungs- und Reaktionsmuster, die beim Fußballspiel und in der Partnerschaft notwendig sind.

Die Ehe ist ein Wir und ein Zusammenspiel von zwei völlig autarken Personen. Je besser zwei Menschen Nähe und Distanz, Verschmelzung und Unabhängigkeit leben können, ohne den anderen zu knebeln und in seiner Freiheit einzuengen, desto besser gelingt ihre Ehe.

Eine Kardinalaussage im Alten und Neuen Testament trifft dieses kreative Miteinander am besten: „Liebe deinen Nächsten wie dich selbst.“ Nächstenliebe und Selbstliebe gehören zusammen. Eine einseitige Liebe untergräbt die Harmonie. Eine falsche Abhängigkeit zerstört die Harmonie des Paares.

Beziehungsabhängige „Liebe“ und wirkliche Liebe

Die beziehungsabhängige „Liebe“ ist streng genommen eine Zerrform der Liebe. Das eigentliche Motiv ist Selbstsucht. Was will sie? Sie

- manipuliert durch Freundlichkeit,
- tut alles für den anderen, natürlich zu „seinem Besten“,
- will sich die Liebe des anderen verdienen,
- versucht, den Partner zu kontrollieren,
- ruft beim anderen Schuldgefühle hervor,
- fühlt sich wertlos, bedürftig und hungert nach Liebe,
- sieht sich häufig als Opfer,
- will, dass sich der andere genauso um sie dreht, wie sie es umgekehrt tut.

Was sind die Merkmale einer wahren und gesunden Liebe?

Merkmal 1: Nur wer beschenkt wurde, kann Liebe schenken
Wer keine Liebe empfangen hat, kann auch keine Liebe schenken. Die Forschungen weltweit machen deutlich, warum viele Menschen liebes- und beziehungsunfähig sind. Sie jagen der Liebe hinterher, die sie nicht erhalten haben. Vielleicht waren ihre Eltern vor allem mit Geldverdienen oder ihren Vergnügungen beschäftigt und haben wenig Zeit mit ihren Kindern verbracht.

Eine ganze Reihe von Eltern, auch Christen, erziehen ihre Kinder zur Selbstlosigkeit. Sie sollen teilen und schenken. Die meisten Kinder sind dazu nicht in der Lage. Erst wenn sie Liebe reichlich erhalten haben, Spielsachen und Süßigkeiten ihr Eigen nennen dürfen, können sie geben und teilen.

Wer bekommen hat, kann teilen. Wer beschenkt wurde, kann schenken. Im Neuen Testament wird uns dieser Zusammenhang vor Augen geführt: „Lasset uns lieben, denn Gott hat uns zuerst geliebt“ (1. Johannes 4,19). Eltern, Lehrer und Erzieher sollten dieses biblische Prinzip beherzigen. Nehmen und geben bedingen einander. In harmonischen Ehen und Partnerschaften sind Geben und Nehmen einigermaßen im Gleichgewicht.

Merkmal 2: Wahre Liebe zwingt nicht

Wer den Partner zwingt, liebt ihn nicht. Liebe ist frei von Zwang und darum auch frei von Angst. Freiwillig gehen zwei Liebende die Ehe ein. Freiwillig ordnen sie sich einander unter. Wer Angst hat, zurückgewiesen oder verlassen zu werden, kann dem Partner nicht ehrlich und aufrichtig begegnen. Wer zwingt, will andere festhalten, besitzen oder einengen. Wer zwingt, erpresst oder manipuliert, hat Angst, betrogen oder vernachlässigt zu werden

Im 1. Johannesbrief steht unmissverständlich das Wort: „Die Liebe kennt keine Angst. Wahre Liebe vertreibt die Angst" (1. Johannes 4,18). Je voller unser Liebenstank ist, desto großzügiger können wir Liebe verschenken.

Merkmal 3: Wahre Liebe erwartet keine Belohnung

Wer in einer harmonischen Beziehung mit einem relativ gefüllten Liebestank lebt, kann schenken, ohne auf die Belohnung zu spekulieren. Er ist ein Liebender und kein Getriebener.

Die beziehungsabhängige Liebe dagegen wartet auf eine Gegenleistung. Der Liebestank ist leer und muss gefüllt werden. Eine unstillbare Sehnsucht, geliebt, verwöhnt und betreut zu werden, trocknet den anderen Partner aus. Die beziehungsabhängige Liebe gibt, um zu nehmen, opfert sich auf, um dafür wieder geliebt zu werden. Sie tut viel, um gebraucht zu werden.

Merkmal 4: Liebe ist ein Geschenk Gottes

Darum ist die Liebe auch keine menschliche Tugend. Wirkliche Liebe schöpft ihre Kraft und Ausdauer aus der Liebe Gottes. In der Bibel heißt diese Liebe „agape" (griechisch) und meint eine Liebe aus Christus, in Christus und durch Christus. Diese „agape" ermöglicht es, dass wir

- geben können, ohne in erster Linie an uns zu denken,
- dienen können, ohne Hintergedanken,
- auf Kontrolle verzichten können, weil Kontrolle Angst voraussetzt,
- schenken können, ohne sofort an Belohnung zu denken,

- das Loslassen üben, weil wir den anderen nicht besitzen wollen,
- aufhören, uns ständig um den anderen zu kümmern, sondern ihm seinen Freiraum zugestehen.

Die beziehungsabhängige Liebe vertraut dem anderen nicht. Sie reagiert mit Angst, Zwang, Eifersucht und fragwürdigen Methoden, die der Liebe fremd sind. Die Liebe, die Gott schenkt, ist eine Liebe, in der Angst und Furcht keinen Platz haben.

7

Wie Sie aus der Beziehungsabhängigkeit herausfinden

Wie können Sie *unabhängig* und *frei* werden? Eine Möglichkeit, Beziehungsabhängigkeit zu überwinden, besteht darin, falsche Überzeugungen abzulegen, die ein partnerschaftsfeindliches Verhalten hervorrufen.

Abhängigkeit von Menschen entspricht einem falschen Denken. Wir sehen die Wirklichkeit niemals objektiv, sondern immer so, wie wir sie sehen wollen, durch eine bestimmte Brille:

- Durch die Brille unserer Befürchtungen,
- durch die Brille bestimmter Erwartungen,
- durch die Brille unserer Minderwertigkeitsgefühle,
- durch die Brille unserer Vorurteile.

Der beziehungsabhängige Lebensstil ist eine „Liebessucht" und entspringt irrigen Überzeugungen:

- Ich kann ohne dich nicht leben,
- ich werde die Liebe des Partners zurückgewinnen, wenn ich alles für ihn tue,
- ich muss der Gebende sein, dann werde ich Dankbarkeit und Liebe ernten,
- ich muss den anderen zwingen und kontrollieren, sonst verliere ich ihn,
- ich muss den anderen quälen und verletzen, damit er mir hörig bleibt,
- ich muss mich demütigen und ausnützen lassen, denn ich bin wertlos und habe nichts.

Das sind nur einige solcher falschen Denkmuster, die das beziehungsabhängige Verhalten fördern.

Abhängigkeit entspricht einem falschen Denken

Schon der stoische Philosoph Epiktet, der um 50 nach Christus in Hierapolis geboren wurde, schrieb: „Die Menschen werden nicht durch die Ereignisse verwirrt, sondern durch die Vorstellung, die sie von den Ereignissen haben." Bereits die Philosophen vor einigen tausend Jahren zeigen uns einen Weg, Lebensprobleme zu lösen, indem wir die irrigen Überzeugungen fallen lassen, die die Konflikte hervorbringen.

Nicht die Abhängigkeit ist das eigentliche Problem, sondern die Vorstellung, die wir uns von ihr machen.

Nicht die Opferrolle ist tragisch, sondern die falschen Gedanken, die wir aus der Opferrolle ableiten.

Nicht die Fesselung an den Partner ist furchtbar, sondern die falsche Deutung, die wir der problematischen Bindung geben.

Wenn der Mensch richtige Vorstellungen und Deutungen hat, wird er nicht mehr durch bestimmte Ereignisse verwirrt. In unserem Fall: Wenn der Mensch die falschen Überzeugungen über Abhängigkeit loslässt, wird sich seine problematische Abhängigkeit beginnen zu ändern.

Schon der große Bischof Chrysostomus, der im 4. Jahrhundert nach Christus lebte, konnte über die Opferrolle schreiben: „Kein Opfer ist Opfer eines anderen, sondern er erleidet sein von ihm selbst verhängtes Geschick."

Wer sich als Opfer fühlt,

- *ist* ein Opfer und macht andere schuldig,
- erleidet sein von ihm selbst verhängtes Geschick,
- will nicht den Kopf für seine Opferrolle hinhalten. Die anderen, die Umstände oder Gott selbst sind an der Opferrolle schuld.

Ziel des geistlichen Weges ist die Heilung und Befreiung des Menschen. Christen sind freie Menschen. Sie werden nicht von der Opferrolle oder von der Abhängigkeit bestimmt, sondern von Gott. Wer von Gott geprägt und aus Gott geboren ist, der ist wahrhaft frei. Das ist die Grundbotschaft der Bibel. Je mehr wir mit Gott eins werden, desto freier werden wir. In ihm entdecken wir unsere Lebensmuster, die uns gefangen halten. Wir entdecken illusionäre Sichtweisen, die uns die Dinge verstellen und mit denen wir uns selbst verletzen. Wahre Freiheit ist nicht die Freiheit von äußerer Herrschaft, sondern die innere Freiheit.

- Wir werden frei von der Macht der Welt.
- Wir werden frei von der Macht äußerer oder innerer Zwänge.
- Wir werden frei von der Macht des Menschen.

Beziehungsabhängigkeit ist mehr als ein Schönheitsfehler. Sie bedrückt den Betroffenen und schadet der Partnerschaft. Sie ist wie ein Krebsgeschwür im Organismus Ehe. Aber sie ist nicht die *Ursache*, sondern die *Folge* irriger Lebensvorstellungen. Auch Paulus bekräftigt diesen Gedankengang, wenn er formuliert: „Zwar steht für mich unerschütterlich fest, dass es nichts gibt, durch dessen Berührung der Mensch vor Gott unrein wird. Ich kann mich dafür auf Jesus, den Herrn, berufen. Aber wenn einer davon überzeugt ist, dass ihn etwas unrein macht, dann *ist* es für ihn auch unrein" (Römer 14,14).

Wer erkannt hat, dass seine irrigen Überzeugungen ihn in die Beziehungsabhängigkeit getrieben haben, kann – erst recht mit Gottes Hilfe – eine neue Gesinnung gewinnen.

Eine Beziehungsabhängigkeit erkennen und Schritte in die Freiheit tun

Was kann der Mensch tun, um aus dem Gefängnis seiner „Sucht" auszubrechen? Weitere Anregungen sollen helfen, dem Zwang zur Abhängigkeit zu entkommen.

Anregung 1: Wo sind Sie im Leben suchtartig gebunden?
Abhängigkeit hat viele Gesichter. Wir können abhängig sein von:

- Alkohol
- Kaffee
- Medikamenten

- Fernsehen
- Arbeit
- Putzen (Putzsucht)
- Eifersucht
- Spiel (Spielsucht)
- Gewohnheiten
- Partner

Auch die Sucht kennt viele Spielarten. Nicht umsonst sprechen wir von Eifer*sucht*, Putz*sucht*, Klatsch*sucht*, Spiel*sucht*, Wett*sucht*, Fress*sucht*, Mager*sucht* und Genuss*sucht*. Süchtig zu sein ist ein sehr verbreitetes menschliches Problem. Viele bringen es nur mit Suchtstoffen in Verbindung. Sucht ist aber in erster Linie kein Problem der Mittel, sondern der Person. Die Persönlichkeit ist gestört, darum benutzt sie Mittel.

Abhängigkeit und Sucht sind in der Regel mit *Zwang* gepaart. Die Abhängigkeit belastet den Menschen wie ein Zwang. Wenn der Mensch in seiner Handlungsfreiheit eingeschränkt wird, fühlt er sich wie in einem Panzer oder Gefängnis. Aus normalen Ängsten ist ein krankhafter Zwang geworden.

Wie lauten die Zwänge in Ihrem Leben?

- Gibt es Dinge, ohne die Sie nicht leben können?
- Wie zwanghaft sind Sie ans Fernsehen gefesselt?
- Welche Gewohnheiten üben Sie zwanghaft aus?
- Müssen Sie immer etwas tun, arbeiten, weil Sie sonst Ihre Zeit nicht sinnvoll nutzen können?
- Üben Pornos einen suchtartigen Zwang in Ihrem Leben aus?
- Sind Sie an Menschen gebunden? Wie erklären Sie sich das?

Beziehungsabhängigkeit und Beziehungssucht machen deutlich, dass es sich um eingeschliffene Muster handelt, die tief in der Persönlichkeitsstruktur des Menschen verwurzelt sind. Sie haben in der Regel eine lange Vorgeschichte. Weil sie jahrelang so praktiziert wurden, hält sie der Betreffende intuitiv für richtig, begründet sie positiv und ist von einer Änderung nicht überzeugt. Mit anderen Worten: Er will seinen abhängigen Lebensstil nicht aufgeben.

Anregung 2: Ich gestehe mir meine Schwäche ein
Einsicht ist der erste Weg zur Besserung. Ohne Einsicht keine Kurskorrektur. Ohne Einsicht keine Bereitschaft zur Anstrengung. Wer sich herausredet, seine Neigung überspielt oder entschuldigt, belügt sich selbst. Er findet keine Kraft, gegen seine Schwäche vorzugehen. Er will sie beibehalten und rechtfertigt sich. Der Kummer, ausgebeutet zu werden, ist noch nicht groß genug Die Überforderung hält sich noch in Grenzen. Oder der Verwöhnte will seinen Status noch nicht aufgeben. Es macht ihm Angst, auf Privilegien zu verzichten.

Anregung 3: Ich bin bereit, an meiner Selbständigkeit zu arbeiten
Selbständigkeit in der Paarbeziehung ist ein wichtiges Ziel der Erziehung. Selbständigkeit ist eine Lebensaufgabe für Christen und Nicht-Christen. Der Mensch kommt als völlig hilfloses Wesen auf die Welt. Er muss alles lernen: sprechen, gehen, Beziehungen pflegen, teilen, mit Konflikten fertig werden usw. Diese Entwicklung zur Selbständigkeit kann durch viele Einflüsse verhindert werden. Selbständig werden ist aber ein Einübungsprozess. Er kann in jedem Alter gefördert werden.

Zur inneren Selbständigkeit gehört die Fähigkeit, Abhängigkeit und Unabhängigkeit in einer Partnerschaft auszubalancieren. Denn für eine harmonische Beziehung müssen Nähe und Distanz in etwa ausgeglichen sein. Je größer die Spannung zwischen beiden Verhaltensmustern, desto konfliktreicher das Zusammenleben. Wenn ein Partner Nähe erzwingt, treibt er sein Gegenüber in die Flucht. Der „Flüchtling“ verstärkt daraufhin das Nähebedürfnis des anderen. Beide spielen perfekt Hand in Hand. Es lohnt sich, einen Berater oder Fachseelsorger mit einzuschalten, um die Motive mangelnder Selbständigkeit auszuloten. Werden die Motive ernst und ins Gebet genommen, ist die Chance groß, die Selbständigkeit zu verbessern.

Anregung 4: Ich überprüfe, bei welchem Personenkreis die Gefahr besonders groß ist

Menschen mit dieser Abgrenzungsproblematik reagieren nicht einer wie der andere. Die einen haben besondere Schwierigkeiten beim Ehepartner, andere bei nahen Angehörigen wie Eltern oder Kindern. Die Muster sind so eingeschliffen, dass sie nahezu reibungslos funktionieren. Wie sagte ein Mann, der seiner Mutter nicht widersprechen kann: „Ich trage in der Wirtschaft als Abteilungsleiter eine große Verantwortung. Heute bin ich siebenunddreißig Jahre alt. Aber wenn ich nach Hause komme und die Tür zur Wohnung durchschreite, fällt ein großes Stück meiner Selbstbestimmung von mir ab. Meine Mutter hat mein Leben bestimmt. Sie hat meine Schule, meinen Beruf, meine Frau, den Hausbau und alles mitbestimmt. Ich verstehe mich selbst nicht."

Mutter und Sohn sind auf ein Muster des Zusammenspiels programmiert, die sie automatisch einsetzen, wenn beide sich begegnen. Wer als Kind diesem Einfluss nicht gewachsen war, wird später als Erwachsener auch Schwierigkeiten behalten. Die Mutter verfügt über Reaktionsmuster, die wie Gift das Gegenüber lähmen. Diese Prozesse laufen in der Regel unbewusst ab.

Anregung 5: Ich überprüfe die Hauptmotive meiner Grenzenlosigkeit

Wer Grenzen nicht einhalten kann, wer aus Nachgiebigkeit zu weit geht, muss seine zentralen Motive für die Einstellungsmuster überprüfen.

- Will er auf alle Weise gefallen?
- Darf er keinen Fehler machen?
- Will er Streit und Auseinandersetzungen vermeiden?
- Muss er bei allen ankommen und beliebt sein?
- Glaubt er, auf den anderen auf Gedeih und Verderb angewiesen zu sein?
- Will er als besonders liebevoll und zuvorkommend gelten?

Je deutlicher die Motive *er*kannt werden, desto klarer können sie *be*kannt werden. Ins Gebet werden die Motive genommen, nicht die Symptome. Wer Gott um Beistand bittet, findet Kraft, die falschen Ziele oder die fragwürdigen Motive loszulassen. Wer sie bearbeitet und ins Gebet nimmt, erfährt Erleichterung. Es gelingt ihm häufiger, sein Nein anzumelden.

Anregung 6: Ich muss wissen, was ich will

Viele Abhängige haben kein Eigenleben. Sie werden gelebt. Sie lassen über sich bestimmen. Die Verantwortung für ihr Leben haben sie abgegeben. Für viele Menschen ist das ein willkommenes Geschenk. Sie gehen Fehlern aus dem Wege, denn Fehler sollen die anderen machen. Sie selbst tragen keine Verantwortung; die Verantwortung sollen andere tragen. Nicht wenige Menschen suchen Berufe, wo sie sich völlig unterordnen und nur Befehle ausführen und Arbeiten erledigen, die voll und ganz andere verantworten müssen. Es sind Mitläufer, die allen Risiken aus dem Wege gehen. Das Merkwürdige ist: Sie leben ohne Stress, ohne Spannung und geraten selten in Hektik. Sie nehmen das Leben, wie es kommt.

Da ist die vierundzwanzigjährige Sabrina. Bisher hat sie zu Hause gelebt. Die Mutter hat ihre Liebe bestimmt. Willig und kritiklos hat sie sich untergeordnet. Mutter und Tochter leben im Frieden. Die Tochter ist unselbständig und hilflos, denn alle Verantwortung hat ihr die Mutter abgenommen. Die Mutter hat eine Lebensaufgabe gefunden. Ihr Mann ist frühzeitig verstorben. Die Tochter hat die Rolle der Betreuten und Verwöhnten gern angenommen. Zu einer gründlichen Berufsausbildung hat es nicht gereicht. Die Tochter ist Hilfsarbeiterin in einer Verpackungsfirma. Sie macht eine Routinearbeit. Die Arbeit ist vorgeschrieben. Sabrina muss nicht denken und für ihre Tätigkeit die Verantwortung tragen.

Dann lernt Sabrina einen Mann kennen, der das Heft ihres Lebens in die Hand nimmt. Liebevoll sagt er, wo es langgeht. Er weiß, welche Schritte zu gehen sind, weiß, was er beruflich, menschlich und familiär erreichen will. Der Mann ist das klassische Gegenteil von ihr. Er führt, er bestimmt, er gibt Anregungen und Ratschläge. Sabrina ist glücklich, wieder einen Menschen gefunden zu haben, der verantwortlich alles in die Hand nimmt und ihren Lebensweg bestimmt.

Seine Überzeugungskraft und sein Leben sind stärker als die Schwiegermutter, mit der er schon nach kurzer Zeit Schwierigkeiten bekommt. Selbstverständlich will sie die Tochter nicht verlieren. Die Tochter hängt zwischen zwei Starken, lässt sich aber doch vom Mann in die Ehe ziehen.

Zwei Jahre geht es gut. Dann werden die Schwierigkeiten gewaltig. Die junge Frau hat ihren Halt in der Mutter verloren, die inzwischen verstorben ist. Hilflos ist sie dem Mann ausgeliefert, der sich in der Zwischenzeit als Sadist entpuppt hat.

Mit sicherem Blick hat der Mann, der die junge Frau in der Firma kennen lernte, ihre Schwächen durchschaut. Sabrina ordnet sich unter, ist gefügig und hat einen Zug zum Masochismus. Masochismus bedeutet, dass der Betreffende sich gut fühlt und erregt werden kann, wenn er leiden muss. Sabrina wird ein hilfloses Werkzeug und Opfer eines gewalttätigen Mannes, der sich erregt, wenn ihre Angst sich steigert und sie den Partner hilflos anfleht. Die Frau hat nicht den Mut, Polizei oder den Schutz anderer Personen in Anspruch zu nehmen. Sie schweigt, weil der Mann sie mit dem Tode bedroht hat.

Einige Jahre findet das grausame Eheleben statt, dann kommt die Misshandlung ans Licht. Sabrina hat einen Blutsturz und muss ins Krankenhaus. Hier entdecken Ärzte blutunterlaufene Stellen am Körper und Striemen, die von Schlägen herrühren. Das Gericht wird eingeschaltet. Der Mann wird wegen Misshandlung und Sadismus an der Ehefrau zu einer dreijährigen Gefängnisstrafe verurteilt.

Sabrina ist ein zerbrochener Mensch. Sie traut niemandem mehr. In einem Haus für psychisch Kranke fristet sie ein bescheidenes Leben. Sie hat von klein auf nicht gelernt, sich selbstvertrauend durchzusetzen. Sie wurde gelebt, manipuliert und von anderen gelenkt. Auf diese Weise wurde sie ein williges Werkzeug in den Händen verschiedener Menschen.

Eine fruchtbare Erziehung muss das verhindern. Die Erziehung zur Selbständigkeit und Mündigkeit bleibt ein Hauptziel.

Anregung 7: Ich versuche, Beziehungsabhängigkeiten in meiner Ursprungsfamilie zu erkennen

Nahezu alle wissenschaftlichen Untersuchungen stimmen darin überein, dass unsere Ursprungsfamilie einen großen Einfluss auf unser Leben im Hier und Jetzt gehabt hat. Wir tragen die Botschaften und Einstellungsmuster unserer Familie unser ganzes Leben mit uns herum. Bestimmte Umgangsmuster haben uns geprägt. Eigenwillige Beziehungspraktiken haben wir programmiert. An kuriose Gewohnheiten sind wir gebunden. Ob die anderen Familienmitglieder schüchtern oder kontaktfreudig waren, beliebt oder unbeliebt – alle diese Erfahrungen haben selbstverständlich das weitere Leben geprägt.

Jeder Mensch hat sich im Laufe seines Gewordenseins für bestimmte Umgangsmuster entschieden. Mit Männern und Frauen, Eltern und Großeltern werden lose oder innige Kontakte gepflegt. Bestimmte Personen werden abgelehnt, andere werden verehrt. Der eine trägt Verantwortung für die Freunde, andere lassen sich verwöhnen, bestimmen und führen. Es gibt Menschen, die keinen Fehler machen wollen. Sie lehnen sich an und treffen keine Entscheidung. Wieder andere wurden klein gehalten, seelisch oder körperlich missbraucht, sie entwickeln unter Umständen schwere Selbstwertstörungen, glauben nicht an sich und an die Mitmenschen. Und weil sie mit diesen Mustern vertraut sind, geraten sie später wieder in ähnliche Beziehungen hinein.

Können Sie zwei bis fünf Beziehungsmuster nennen, die Sie in Kindheit und Jugendzeit praktiziert haben? Der Wiederholungszwang, wie er in menschlichen Beziehungen beobachtet wird, ist unverkennbar. Wie oft hören wir von Ehepartnern und in der Seelsorge:

„Du redest genauso wie deine Mutter!"

„Du bist genauso bockig und stur wie dein Vater!"

„Wenn man dich beobachtet – du bist das Spiegelbild deiner Mutter!"

Wenn Sie den folgenden Fragebogen durchgehen, überprüfen Sie einmal, welche Beeinflussungen kleine oder große Abhängigkeiten hervorgerufen haben. Welche Muster können Sie konkret benennen, die heute noch in Ihrer Partnerbeziehung eine Rolle spielen?

Fragen zur Ursprungsfamilie

Zu wem hatten Sie eine engere Beziehung, zum Vater oder zur Mutter?

Mit wem waren Sie früher emotional sehr verbunden?

Was waren – nach Ihrer Meinung – die Motive für diese Bindung?

Waren Sie ein Pflegekind oder ein Adoptivkind? Wie hat das Ihren Lebensweg beeinflusst?

Haben Sie Vorbehalte gegen Männer oder Frauen?

Wurden Sie verwöhnt? Wurden Sie ernst genommen/nicht ernst genommen?

Wurden Sie geschlagen? Misshandelt?

Wurden Sie sexuell missbraucht?

Von wem? Vater, Bruder, Großvater?

Welche Rolle haben Sie in der Familie gespielt?

Waren Sie beliebt? Wie haben Sie das angestellt?

Wurden Sie übersehen? Wie hat sich das ausgewirkt?

Waren Sie der Sündenbock? Wie hat sich das ausgewirkt?

Wurden Sie von Klassenkameraden oder -kameradinnen eingeladen?

Mussten Sie sich um Einladungen selber bemühen?

Hatten Sie Probleme mit der äußeren Erscheinung (sehr dick, sehr dünn, besondere Auffälligkeiten)?

Wie hat sich das ausgewirkt?

Welche nicht genannten Vorkommnisse haben Kindheit und Jugendzeit geprägt, welche Erlebnisse waren negativ?

Führten Ihre Eltern eine glückliche Ehe? Wie hat die Elternehe Ihre Liebesbeziehungen beeinflusst?

Welche Beziehungsmuster, die Sie in Ihrer Ursprungsfamilie erlebten, haben Sie in Ihrer Partnerbeziehung wiederholt?

Anregung 8: Wir brauchen auch die anderen
Nicht alle Bedürfnisse sind in der Ehe erfüllbar. Nicht alle Hobbys sind mit dem Partner lebbar. Beziehungsabhängige Paare haben sich nicht selten *isoliert*. Sie leben für sich, haben Freundschaften zu anderen Personen vernachlässigt oder abgebrochen. Sie führen ein Leben wie auf einer Insel. Einer schirmt den anderen ab.

Diese Beziehungsabhängigkeit grenzt den Lebensspielraum ein. Zwei Liebende kleben aneinander. Sie sprechen von großer Liebe, und doch ist diese Liebe fragwürdig. Angst und Eifersucht engen die Liebe ein. Notwendige Kontakte werden verhindert. Neue Erfahrungen werden unterbunden, und fruchtbare Freundschaften, die bereichern, finden nicht statt. Die Beziehung verarmt. Die Bibel sagt dagegen einfach: „Furcht ist nicht in der Liebe."

- Wahre Liebe engt nicht ein.
- Wahre Liebe gibt Freiheit.
- Wahre Liebe klammert nicht.

Marvin ist ein leidenschaftlicher Tennisspieler. Vanessa, seine Frau, ist recht rundlich. Sport ist nicht ihr Ding. Seit der Teenagerzeit hat sie sich davon fern gehalten. Muss Marvin jetzt aufs Tennisspielen verzichten?

Vanessa liebt klassische Musik. Sie ist ein Fan von Mozart, Beethoven und Bach. Sie besitzt eine Sammlung der größten Interpreten auf diesem Sektor. Stundenlang kann sie sich in diese Musik versenken. Marvin dagegen ist ein Kunstbanause. Er kann mit den „schweren Stücken" nichts anfangen. Eine Unruhe treibt ihn dann aus dem Wohnzimmer. Muss Vanessa jetzt auf klassische Musik verzichten?

Marvin hat im Tennisverein zwei Sportsfreunde, mit denen er regelmäßig Tennis spielt. Den Abend in der Woche gibt Vanessa ihn gern frei. Marvin genießt es, seiner Leidenschaft zu frönen, und Vanessa hat sich einem Kreis für klassische Musik angeschlossen. Regelmäßig fahren sie zu Konzerten, hören sich Vorträge über Komponisten und ihre Werke an und folgen auf diese Weise ihren persönlichen Interessen, die der eigene Partner nicht teilen kann.

Diese Freundschaften und Bekanntschaften mit anderen Menschen bereichern und stabilisieren die eheliche Zufriedenheit.

Andere Menschen helfen uns, über den Tellerrand unseres Horizonts hinauszuschauen. Sie geben uns neue Impulse, andere Interessen wahrzunehmen. Sie regen uns an, politische, kulturelle und geistliche Themen neu zu bedenken.

Vielleicht ist unter den Freunden und Bekannten einer mit ausgefallenen Ideen. Der eine ist Spezialist für Witze. Wenn er eingeladen wird, ist Lachen angesagt. Er liebt die leichte und lockere Art, hat immer die schönsten Witze auf Lager. Die Abende sind ein Genuss, die Seele kann so richtig entspannen.

Eine andere Familie ist viel mit dem Auto unterwegs. Sie kennt die tollsten Lokale und hat die interessantesten Ausflüge gemacht. Ihr sind attraktive Dörfer, Städte und Besichtigungspunkte bekannt. Wenn sie zu Fahrten einlädt, sind die Stunden oder Tage ein wirkliches Erlebnis.

Wieder eine andere Familie ist in einer christlichen Gemeinde aktiv. Sie besucht Kongresse, wo über lebendige Gemeindearbeit referiert wird. Mit anderen Familien probiert sie neue missionarische Projekte aus. Sie berichtet über ihre positiven und negativen Erfahrungen. Das eigene geistliche Leben wird hinterfragt. Ritualisierte Verhaltensmuster werden überprüft, eingeschliffene und lieblos gewordene Ordnungen erneuert.

Die Vielseitigkeit der Personen, die zum Familien- und Bekanntenkreis gehören, garantieren lebendige Begegnungen, sorgen für neue Erfahrungen und bewahren vor Langeweile und Eintönigkeit in der Ehe. Ein dynamischer Freundeskreis hält jung. Er heizt die Kreativität an, völlig Neues zu erleben. Wer sich auf neue Freundschaften einlässt, wird in der Regel seelisch, geistig und geistlich bereichert.

In der Ehe versuchen wir, die Situation der Ursprungsfamilie wiederherzustellen. Marvins Vater kam abends von der Arbeit nach Hause und übernahm es, die Schularbeiten der Kinder nachzuschauen. Ihm lag daran, dass die Kinder schulisch und leistungsmäßig Überdurchschnittliches leisteten.

Marvin hält es ebenso. Wenn er abends nach Hause kommt, tritt er in die Fußstapfen seines Vaters. Er wiederholt die Umgangsmuster eines Elternteils. Er macht deutlich, dass aus den Kindern schulmäßig etwas werden soll. Vanessa kümmert sich emotional um die Kinder, führt Gespräche mit ihnen und hört sich ihre Probleme an. So ergänzen sich die Eltern in der Erziehung auf gute Weise. Sie müssen nicht beide dasselbe tun. Für die Kinder bedeutet es eine Erweiterung ihrer Möglichkeiten, wenn beide Elternteile verschiedene Schwerpunkte setzen.

8

Wie Retter- und Opfertypen sich ändern können

Einsicht ist der erste Schritt zur Verhaltensänderung. Ohne Einsicht keine Wandlung. Doch selbst wenn die Einsicht vorhanden ist, scheitern viele, weil sie ihre eintrainierten Muster und Strategien nicht aufgeben wollen. Von einer gelungenen Beratung berichtet das folgende Beispiel.

„Wenn ich allein bin, werde ich verrückt!"

Simone lebte bis zum einundzwanzigsten Lebensjahr bei ihrer Mutter. Ihr Vater war gestorben, als sie vier Jahre alt war. Simone war das einzige Kind. Fortan schenkte die Mutter der Tochter ihre volle Zuwendung. Der Lebensinhalt der Mutter war Simone. Beide lebten eine innige Beziehung. Simone war ein liebes und anhängliches Kind. Es machte keinen Ärger, und die Mutter war hochbeglückt, in der Erziehung ihrer Tochter eine Lebenserfüllung gefunden zu haben. Simone schlief im Ehebett und nahm den Platz ein, den vorher der Vater innegehabt hatte.

Die Schulzeit erlebte Simone problemlos. Die Mutter, die eine hohe Rente bezog, musste nicht arbeiten und konnte sich uneingeschränkt um das Kind kümmern. Oft brachte sie es morgens zur Schule und holte es mittags wieder ab.

Die Mutter war Christin und ging mit dem Kind sonntags zum Gottesdienst. Viele Eltern saßen mit kleinen Kindern im Mutter-und-Kind-Raum, größere Kinder wurden in den Kindergottesdienst im Gemeindehaus geschickt. Simone saß artig neben der

Mutter im Gottesdienst der Erwachsenen, machte keine Dummheiten und war glücklich, nicht von der Mutter getrennt zu sein. Wenn Simone von Mitarbeitern eingeladen wurde, doch den Kindergottesdienst zu besuchen, lehnten Mutter und Tochter übereinstimmend ab.

Als Simone zehn Jahre alt wurde, organisierte die Schule eine verbindliche Klassenfahrt. Die Mutter versuchte, Simone bei der Klassenlehrerin von der Fahrt abzumelden, aber die Lehrerin ließ sich nicht darauf ein. Auch der Gang zum Rektor hatte keinen Erfolg. Die Klassenlehrerin hatte inzwischen mit ihm gesprochen und vorgeschlagen, Simone auf keinen Fall von der Fahrt zu befreien. Die Fahrt sollte drei Tage dauern und auf eine Nordseeinsel gehen. Die meisten Kinder freuten sich auf den gemeinsamen Ausflug, nur Simone hatte Angst. Bisher war sie noch keine Nacht in ihrem Leben von zu Hause fort gewesen. Oder die Mutter war beim Besuch der Oma selbstverständlich mitgefahren.

Schweren Herzens redete ihre Mutter Simone ins Gewissen, mitzufahren und sich schon auf das Wiedersehen hinterher zu freuen. Simone ließ sich überreden, konnte aber die Nacht vor der Fahrt nicht schlafen und fuhr übernächtigt mit auf die Insel. Auch die erste Nacht im Schlafzimmer mit acht anderen Mädchen konnte Simone nicht schlafen. Ein unbeschreibliches Heimweh erfasste sie. Stundenlang weinte sie still vor sich hin. Am anderen Tag meldeten die Mädchen das der Klassenlehrerin, die Simone etwas unsanft zur Rede stellte. Da war es vorbei. Simone bekam einen Schreikrampf und ließ sich nicht mehr beruhigen. Ein Arzt wurde konsultiert, der Simone eine Beruhigungsspritze gab. Sie wurde allein in ein Krankenzimmer verlegt, und als sie erwachte, begann das Schreien von neuem. Die Klassenlehrerin war außer sich und eine Mutter, die als Begleitperson mitgefahren war, musste Simone noch am selben Tag nach Hause begleiten.

Dieser Schock war der Beginn einer bedrückenden Erfahrung für Simone. Die Angst, allein gelassen zu werden oder allein irgendwohin zu fahren, bescherte dem Mädchen unendliche körperliche und seelische Schmerzen. Simone hatte keine Freunde, die es länger bei ihr aushielten. Niemals besuchte sie selbst eine Klassenkameradin. Alle, die Kontakt mit Simone suchten, mussten in ihre Wohnung kommen.

Als Simone neunzehn war, bemühte sich zum ersten Mal ein Junge um sie. Sie sah hübsch aus, und viele Jungen schauten ihr nach. Der junge Mann hatte sie im Gottesdienst mit der Mutter gesehen und lud sie in das Jugendhaus der Gemeinde ein. Simone war tief berührt, in ihr meldeten sich die ersten Liebesgefühle. Sie riss sich gewaltsam von ihrer Mutter los und ging in den Jugendkreis. Der junge Mann war einundzwanzig, studierte Betriebswirtschaft und half im Jugendkreis als Leiter mit. Simone wurde herzlich als Neue begrüßt und Christopher, der junge Mann, bemühte sich sehr um sie. Am Abend brachte er sie nach Hause und war von ihrer schüchternen und vornehm distanzierten Art sehr angetan. Er selbst war ein zupackender und entscheidungsfähiger Mensch. Er liebte die Herausforderung. Dass sich Simone nur sehr schwer bewegen ließ, mit ihm abends auszugehen, wertete Christopher als ein positives Verhalten.

Simone spürte eine innere Zerrissenheit. Auf der einen Seite war sie von Christopher begeistert. Ihre Verliebtheit war grenzenlos. Trotzdem konnte sie sich von ihrer Mutter für den Abend nur schwer losreißen. Spätestens um zehn Uhr war sie wieder zu Hause.

Als Simone ihren einundzwanzigsten Geburtstag feierte, überraschte Christopher seine Freundin mit dem Vorschlag, noch am Abend gemeinsam Verlobung zu feiern. Simone und ihre Mutter waren entsetzt und beglückt zugleich. Nach Absprache mit der Mutter stimmte Simone zu.

Christopher hatte allerdings erkannt, dass Simone beziehungsabhängig war. Vorsichtig sprach er mit seiner Verlobten das Problem an. Dringend empfahl er ihr, eine Beratungsstelle aufzusuchen, um sich allmählich aus der Beziehungsabhängigkeit zu befreien. Er selbst war bereit, ab und zu mitzukommen. Christopher hatte durchblicken lassen, dass er sonst die Verlobung lösen müsste. An dem Tag hatte Simone eine schlaflose Nacht. Ihr schwante, was die Therapie bedeuten könnte. Sie wagte einige Tage nicht, mit der Mutter darüber zu sprechen, um sie nicht zu verletzen. Als die Mutter davon erfuhr, strömten ihr die Tränen übers Gesicht. Eine große Angst beschlich sie, eines Tages allein in der Wohnung zu sitzen. Simone und ihre Mutter waren aneinander gefesselt.

Die Therapie, die Simone begann, bescherte ihr unvergleichlichen Stress und seelische Qualen. Ihre Arbeit als Anwaltsgehilfin war dagegen ein Kinderspiel. Die schönen Stunden mit ihrem Verlobten halfen ihr aber über alle Belastungen hinweg.

Simone charakterisiert sich selbst

In den ersten Gesprächen mit Simone wird sie gebeten, sich selbst zu charakterisieren. Sie sagt: „Ich bin hochgradig verliebt. Ich sehne mich wahnsinnig. Aber ich glaube nicht, dass ich mich um mich selbst kümmern kann. Ich weiß noch nicht einmal, ob ich das auch will. Was suche ich? Einen Mann wie meine Mutter. Mit ihm kann ich alles besprechen. Er hat die Antworten, die ich brauche. Er hat die Lösungen, die ich suche. Er hat die Ideen, die ich nicht habe. Er soll mich durchs Leben tragen. Er ist da, wenn ich ihn brauche. Und ich brauche ihn dauernd. Allein werde ich verrückt."

Ich: „Glauben Sie, Simone, dass Sie auf diese Weise mit einem Mann glücklich werden können?"

Sie: „Wahrscheinlich nicht."

Ich: „Und wenn Sie selbst schon denken: ‚Wahrscheinlich nicht', wie soll es zwischen Ihnen weitergehen?"

Sie (beginnt zu weinen): „Ich weiß es nicht."

Ich: „Möchten Sie sich denn Gedanken darüber machen?"

Sie: „Ich muss wohl!"

Ich: „Sie müssen nicht. Das Einzige, was Sie müssen, ist eines Tages sterben. Bis dahin haben Sie jederzeit die Möglichkeit, mit Ihrer Mutter zusammenzuleben."

Sie: „Aber das macht mich unglücklich. (...) Was raten Sie mir?"

Ich: „Ich rate Ihnen gar nichts. Das hat zwanzig Jahre lang Ihre Mutter getan. Mit der Rolle möchte ich nichts zu tun haben. Und Ihr Verlobter hat das auch erkannt."

Sie: „Ich glaube, ich muss mich von meiner Mutter abseilen."
Ich: „Sehen Sie, jetzt werden Sie aktiv. Jetzt machen Sie sich selbständig. Jetzt kann der Änderungsprozess beginnen."
Sie: „Ich habe es bisher nicht gelernt."
Ich: „Möchten Sie es lernen?"
Sie: „Ganz sicher ja!"

Die erste Gesprächsstunde bedeutet eine Sisyphusarbeit. Simone versteht es meisterhaft, mich in die Mutterrolle zu bugsieren. Ich soll reden, Vorschläge machen und am liebsten auch die Verantwortung dafür übernehmen. Aber die junge Frau kapituliert nicht. Sie lässt sich auf diese harte Arbeit ein.

Dann wird in der Therapie ein äußerst schmerzlicher Punkt besprochen. Simone will sich eine eigene Wohnung suchen. Auch wenn die Mutter Widerspruch anmelden sollte – Simone will sich durchsetzen. Gespräche mit der Mutter werden in der Therapie simuliert. Simone soll ihre Wünsche und Vorstellungen für die Wohnung formulieren und schrittweise in die Tat umsetzen. Bisher sind alle Wünsche und Vorhaben von der Mutter beeinflusst. Simone ist unfähig, die eigenen Bedürfnisse in Worte zu fassen. Ehe sie nachzudenken beginnt, hat ihre Mutter ihr schon ein paar Ratschläge gegeben.

Simone kommt an ihre Belastungsgrenzen. Hin und wieder spielen ihre Nerven verrückt. Aber ihr Verlobter ist ein guter Liebender. In seinen Armen tankt sie wieder auf. Simone empfindet eine unbeschreibliche Liebe für ihren Verlobten. Sie bezieht tatsächlich eine eigene Wohnung.

Auch Christopher sucht die Beratung auf. Eine Einsicht in die Zusammenhänge der ungleichen Beziehung hilft dem Paar, die ständig auflodernden Konflikte mit der Mutter zu verringern. Die Mutter versucht mit Tränen und mit Krankheit, die Abnabelung zu verhindern. Sie hat wiederholt verweinte Augen und versucht, die Tochter mit Herzschmerzen zu erpressen. Wenn die Therapie und der Verlobte nicht gewesen wären – Simone wäre auf der Stelle in die Wohnung ihrer Mutter zurückgekehrt.

Als Simone ausgezogen ist und eine neue Wohnung bezogen hat, bleibt sie zuerst einen Abend allein in der Wohnung, am zweiten

Abend kommt der Verlobte, am dritten Abend besucht Simone die Mutter und kommt spätabends in ihre Wohnung zurück. Nachdem das ein halbes Jahr praktiziert worden ist, werden die Abstände zum Besuch der Mutter etwas vergrößert.

Simones Mutter hat inzwischen in einem Frauenkreis in der Gemeinde Fuß gefaßt, besucht regelmäßig den Gottesdienst und wird von verschiedenen Damen des Kreises eingeladen. Es entwickeln sich nähere Beziehungen und Freundschaften.

Eine gelungene Heilung

Als Simone dreiundzwanzig wird, heiraten sie. Christopher hat sein Studium abgeschlossen und bekommt eine Stelle bei einer Genossenschaftsbank.

Das Therapiebeispiel zeigt:

Eine schwere Beziehungsabhängigkeit ist heilbar,

- wenn beide ernstlich wollen,
- wenn alle Parteien mitspielen
- und wenn verschiedene kleine Schritte rückhaltlos eingehalten werden.

Es hat viele Konflikte gegeben,

- die alle Beziehungen auf eine harte Probe gestellt haben,
- die auch das verliebte Paar vor eine Zerreißprobe stellten,
- die mit schlimmen Anklagen und Schuldvorwürfen verbunden waren.

Der Veränderungsprozess hat über zwei Jahre gedauert.

- Die Sitzungen fanden am Anfang alle vierzehn Tage statt, später wurde auf drei Wochen erweitert;
- Simone nahm die meisten Gesprächstermine in Anspruch;
- auch Christopher und mindestens fünfmal Simones Mutter kamen zum Gespräch.

Der christliche Glaube und das Gebet waren eine wertvolle Hilfe.

- Alle Beteiligten waren im Glauben gefestigt, und doch brachte jeder seine Gewohnheiten und Gebundenheiten mit.

- In den Gesprächen und im Gebet erkannte jeder seine Stärke und seine Schwäche, seine falschen Denk- und Glücksvorstellungen.
- Jeder war schließlich bereit, die notwendigen Schritte zur Ablösung und zur Selbständigkeit zu beschreiten. Wenn Ratsuchenden in Gesprächen mit Seelsorgern oder Beratern dagegen die Einsichtsfähigkeit nicht geschenkt wird, sind Veränderungsprozesse nicht möglich. Widerstand, Ausflüchte oder Rechtfertigungen blockieren den Gesprächsverlauf. Diese Partnerbeziehungen scheitern.

Der Rettertyp und seine Schwierigkeiten

Viele von uns haben gelernt, verantwortlich für andere zu sein. Das ist gut und richtig. Wir haben jedoch zu wenig gelernt, für uns selbst die Verantwortung zu tragen.

Von meinem geistlichen Lehrer Pfarrer Johannes Busch habe ich oft den Satz gehört: „Gerettet sein gibt Rettersinn." Ein gutes Wort. Aber es kann missverstanden und missbraucht werden. Viele Beziehungsabhängige sind „Retter". Sie kümmern sich, helfen unaufgefordert, sie lösen Probleme, ohne gefragt zu werden, und sie behandeln den anderen oft wie einen Hilflosen. Wenn Menschen krank sind und in Not geraten, ist selbstverständlich unsere Hilfe gefragt. Aber es empfiehlt sich, nur das zu übernehmen, was der andere von uns erwartet oder erbittet. Gefährlich können sein:

- unsere Überlegungen,
- unsere Ratschläge und
- unsere Lösungsangebote.

Die unangemessene Verantwortung ist das Problem des Retters, seine unangemessenen Überlegungen können zu zwischenmenschlichen Konflikten führen.

Frauen haben gelernt,

- gute Mütter zu sein,
- sich um Mann und Kinder vorrangig zu kümmern,

- ständig für andere da zu sein,
- die eigenen Bedürfnisse zu unterdrücken und zu verleugnen,
- alles für andere zu tun und das eigene Wohl hintanzustellen.

Männer haben gelernt,
- sich für Frau und Kinder aufzuopfern,
- Verantwortung für alle allein zu tragen,
- eigene Wünsche, Bedürfnisse und Gefühle zu unterdrücken,
- dass Geben besser ist als Nehmen,
- dass das Wohl des anderen immer Vorrang hat.

Welche Folgen sind mit dieser Einstellung verbunden?

Folge 1: Retter reagieren feindselig

Wie ist das zu verstehen? Besonders Menschen, die in Pflegeberufen tätig sind, die sich über Gebühr sozial engagieren, die ständig geben und wenig empfangen, werden eines Tages missmutig. Sie fühlen sich ausgenutzt und ausgebeutet. Dazu reagieren ihre Klienten, die Hilflosen, teilweise auch noch undankbar und leisten Widerstand. Viele Hilfsangebote wollen sie nicht annehmen. Sie fühlen sich vereinnahmt und in ihrer Freiheit beschnitten. Der Retter wird ärgerlich. Viele „Retter" hängen enttäuscht ihren Beruf an den Nagel. Sie bemitleiden sich selbst und geraten in eine feindselige Haltung hinein.

Folge 2: Retter „erziehen" Opfer

Es gibt ein böses Wort: „Wo Retter sind, sind immer Opfer. Und wo keine Opfer sind, werden sie von den Rettern gemacht." Retter- und Opfertypen werden „erzogen". Sie brauchen sich gegenseitig. Wenn sich in der Ehe Retter und Opfer begegnen, läuft ein perfektes Hand-in-Hand-Spiel ab. Der eine übernimmt alle Verantwortung, der andere lässt sich bedienen, hat zwei linke Hände, reagiert hilflos und schwach und überlässt alles dem tüchtigen Retter.

Folge 3: Retter und Opfer machen sich unglücklich

Das sollte man auf Anhieb nicht vermuten, denn beide kommen doch auf ihre Kosten. Der Retter fühlt sich wohl in seiner Rolle, er wird gebraucht. Das Opfer fühlt sich wohl in seiner Rolle – es hat einen liebevollen Kümmerer gefunden, der alles sieht, alles macht und für alles die Verantwortung trägt.

Doch dann kippt das positiv erscheinende Zusammenspiel. Der Retter erfährt pausenlos Kritik, weil er falsche Entscheidungen getroffen hat. Das Opfer fühlt sich überfahren, wie ein kleines Kind behandelt, das sich artig unterordnen soll und nicht will. Der Retter ist beleidigt, dass seine selbstlose und uneigennützige Hilfe verschmäht wird. Beide machen sich Vorwürfe und beschimpfen sich.

Was zwei Eheleute tun können, die als Retter und Opfer verstrickt sind

Retter und Opfer gibt es bei beiden Geschlechtern. Viele Frauen fühlen sich gedrängt, schwachen und hilflosen Männern beizustehen. Nicht selten haben sie schon in der Kindheit gelernt, die Verantwortung zu übernehmen und Aufgaben, die andere liegen lassen, anzupacken. Sie sind umsichtig, verraten einen guten Überblick und machen sich auf diese Weise bei den Eltern beliebt. Sie werden gelobt, und die Eltern sind stolz auf sie. Später heiraten sie einen schwachen Partner, dem sie beistehen müssen. Auch Männer, die als Älteste von mehreren Geschwistern aufwuchsen, können solche Helfer- und Retterrollen übernehmen. Sie spielen sich als Beschützer auf, wählen unbewusst und unverstanden eine „schwache" und anlehnungsbedürftige Partnerin, und das vielfach beschriebene Spiel kann beginnen. Das alte Zusammenspiel aus der Kindheit, das wie ein Programm in ihnen steckt, wird in der Ehe fortgesetzt.

Wie finden sie aus diesen eingefahrenen Geleisen heraus? Wie entwickeln sie neues Verhalten in ihrer Partnerschaft?

Schritt 1: Mann und Frau erkennen, dass sie Retter- und Opferrollen praktizieren

Diese Erkenntnis kommt selten im ersten Ehejahr. Denn zunächst fühlen sich beide in den beschriebenen Rollen wohl. Erst wenn die Spannung auf beiden Seiten unerträglich wird, wenn beide mit Vorwürfen arbeiten, den Partner verletzen und angreifen, sind Einsichten möglich. Leider lassen sich, wenn das Kind in den Brunnen gefallen ist, viele Paare scheiden. Beide behaupten:

- Ich habe den falschen Partner geheiratet,
- ich fühle mich kontrolliert und vereinnahmt oder
- ich fühle mich ausgenutzt und ausgebeutet.

Vorwürfe lösen keine Probleme. Schuldzuweisungen verschlimmern das Zusammenleben. Ausreden und Selbstrechtfertigungen verhindern die Einsicht. Die Einsicht: *Wir beide* haben uns völlig verrannt, *wir beide* wissen nicht weiter, ist in der Regel eine gute Voraussetzung für fruchtbare Gespräche.

Schritt 2: Beide suchen eine Beratungsstelle auf

Wichtig ist, dass *beide* gehen und ihr destruktives Zusammenspiel mit einem Eheberater/einer Eheberaterin oder mit einem Seelsorger/einer Seelsorgerin beleuchten. Als Berater und Seelsorger für Eheprobleme habe ich mir die Auffassung zu Eigen gemacht: „Wenn du belogen werden willst, arbeite nur mit einem. Du wirst auch von bewussten Christen, die große Eheprobleme haben, belogen."

Warum ist das so? *Wollen* die Ratsuchenden uns belügen? Nein. Aber:

- Jeder sieht die Probleme durch seine Brille;
- jeder macht in der Regel den Partner verantwortlich;
- jeder hat oft jahrelang über seine Probleme nachgedacht und einleuchtende Gründe für sein Verhalten gefunden, die den Berater tief beeindrucken;
- jeder hat Erklärungen gefunden, an die er glaubt.

Hilfreich ist es, wenn beide zu *einem* Seelsorger oder Berater gehen. Selbstverständlich können sie auch allein Gespräche mit diesem in Anspruch nehmen. Wenig hilfreich ist es, zwei verschiedene Berater aufzusuchen, die keine Möglichkeit haben, sich auszutauschen.

Schritt 3: Beide lernen die Wirkungsweise ihrer verschiedenen Rollen verstehen

Die Aufgabe von Beratung und Seelsorge besteht darin, die Zusammenspielmuster der Eheleute aufzudecken.

Wie lauten die unverstandenen Motive der Partnerwahl?

Welche Rollen wurden schon in der Ursprungsfamilie und im Jugendalter praktiziert?

Wie haben sich die Rollen in der Schule, in Freundschaften und am Arbeitsplatz ausgewirkt?

Wiederholen sich in der Ehe ähnliche Umgangsstrategien?

Entscheidend ist, dass diese Verhaltensstrategien in gemeinsamer Arbeit der Partner herausgefunden werden. Und entscheidend ist, dass beide Partner innerlich zustimmen können. Wer sein Rollenverhalten nicht erkennt oder es ablehnt, wird auch nicht bereit sein, es zu ändern.

Schritt 4: Beide Eheleute erarbeiten mit dem Seelsorger Lösungen, die die Beziehungsabhängigkeit verringern

Hilfreiche Veränderungsfragen lauten:

- Welche Aufgaben will der Retter und Helfer aufgeben?
- Welche Aufgaben ist der Partner bereit zu übernehmen?
- Kann der Helfer lernen, nicht mehr für den anderen zu denken, zu überlegen und zu planen? Wie sieht das konkret aus? Kann der Helfer darauf verzichten zu überlegen, was der andere braucht oder brauchen sollte?

Dabei helfen drei wichtige Regeln:

- Übernehmen Sie nur noch Aufträge, die der Partner Ihnen wirklich zumuten möchte.

- Hilfreich sind nur kleine Veränderungsschritte. (Radikallösungen rufen in der Regel lediglich Enttäuschungen hervor. Sie misslingen, und beide Parteien resignieren.)
- Nur wer bei Rückfällen nicht aufgibt, erreicht das gesetzte Ziel.

Schritt 5: Beide Eheleute wollen die Veränderungen uneingeschränkt

Wenn beide ernsthaft wollen, ist eine Veränderung möglich. Viele Kurskorrekturen in Partnerbeziehungen misslingen, weil einer aufgibt, die Hoffnung verliert und frühzeitig die Segel streicht. Auch wenn beide ernsthaft wollen, muss mit Rückfällen gerechnet werden. Die alten Muster, die in Fleisch und Blut „programmiert" sind, schimmern immer wieder durch. Die alten Reaktionsstrategien melden sich automatisch zu Wort. Nur wer überzeugt ist, dass die alten Ursprungsmuster die Partnerschaft stören, glaubt an die Veränderung und strebt sie an. Wenn beide es betend tun können und ehrlich um Gottes Kraft und Beistand bitten, wird der Veränderungsprozess gelingen.

Schritt 6: Kümmern Sie sich um sich selbst!

Bei Melody Beattie las ich einen erstaunlichen Satz, den die Autorin vehement vertritt: „Der sicherste Weg, sich selbst verrückt zu machen, besteht darin, sich in die Angelegenheiten anderer Menschen einzumischen. Der schnellste Weg, gesund und glücklich zu werden, besteht darin, sich um die eigenen Angelegenheiten zu kümmern."[6]

Wir müssen als Christen genau hinhören: Wer sich in die Angelegenheiten anderer Menschen *einmischt*, der macht sich verrückt, macht sich unglücklich.

- Wer sich ungefragt einmischt, der bekommt die Quittung.
- Wer ungefragt Ratschläge anbietet, macht sich unbeliebt.
- Wer ungefragt Lösungen praktiziert, die mit dem Betroffenen nicht abgestimmt sind, macht sich und die Beziehung unglücklich.

Sich um sich selbst kümmern heißt,

- ich beschneide nicht das Recht des anderen,
- ich erlaube dem anderen, seine Vorstellungen zu realisieren,
- ich bejahe meine eigenen Wünsche und Bedürfnisse, aber nicht am anderen vorbei.

Wer sich um sich selbst kümmert, denkt an seine Gesundheit und setzt nicht ständig den Partner unter Druck, an seine Gesundheit zu denken. Wer sich um sich selbst kümmert, denkt auch an sein Seelenheil. Er hält seine stille Zeit mit Gott, betet zunächst allein zu seinem Herrn und kann dann für eine gute geistliche Gemeinschaft mit anderen sorgen. Jesus sagt zu uns: „Kommet her zu mir alle, die ihr mühselig und beladen seid; ich will euch erquicken" (Matthäus 11,28).

Ich werde angesprochen und aufgefordert.

Ich werde aufgefordert, mich um mein Seelenheil zu kümmern.

Ich soll kommen, um mich erquicken und erfüllen zu lassen.

Wer diese Selbstliebe und Selbstfürsorge bejaht, wird sich umso fröhlicher und engagierter um andere kümmern. Wer sich so um sich selbst kümmert, realisiert den Kardinalsatz des Alten und Neuen Testaments:

„Liebe deinen Nächsten wie dich selbst." Das bedeutet eine Gleichwertigkeit der Liebe. Nur wer sich auch um sich kümmert, kümmert sich in Liebe und Verantwortung um den anderen. Wer sich vernachlässigt und immer den anderen in den Mittelpunkt stellt, wird eines Tages unzufrieden, unleidlich und reagiert feindselig auf den anderen, weil er sich betrogen und ausgenutzt fühlt.

Bis heute ist der Ausspruch des Philosophen Friedrich Nietzsche bedenkenswert: „Die Christen müssten erlöster aussehen, wenn ich an ihren Erlöser glauben soll." In der Tat: Christen, die ihr Ich und ihren Glauben im Auge haben, werden umso überzeugender für andere da sein. Diese Selbstfürsorge bewahrt uns vor einem Missbrauch der Liebe.

9

Wie wir ein gesundes Selbstwertgefühl erlangen

In Seelsorge und Beratung begegne ich ständig Menschen mit Selbstwertstörungen. Sie leiden an

- Minderwertigkeitsgefühlen,
- mangelndem Selbstvertrauen,
- verringertem Zusammengehörigkeitsgefühl,
- schwankendem Selbstbewusstsein.

Es fehlt die klare innere Gewissheit: Ich bin von Gott geliebt, ohne dass ich perfektionistisch bestimmte Regeln und Gesetze einhalte.

Es fehlt die Überzeugung, dass ich fähig bin, die Verantwortung für eigene Entscheidungen zu übernehmen.

Es fehlt die Geduld, Widersprüche im Glaubensleben zu ertragen.

Es fehlt die Einsicht, dass die Welt nicht aus Schwarz und Weiß, Richtig und Falsch besteht.

Es fehlt die Gewissheit, dass ich Gottes geliebtes Kind bin, aber deshalb nicht automatisch von Problemen und Krankheiten befreit werde.

Menschen mit geringem Selbstwertgefühl leben unter ihren Möglichkeiten. Sie trauen sich nichts zu. Sie sind mit sich und dem Leben unzufrieden. Viele verschließen ihre Augen, wenn sie im Fernsehen mit den Problemen der Welt, mit Hunger, Armut und Katastrophen konfrontiert werden. Sie spüren ihre Ohnmacht und ihre Hilflosigkeit. Diese Fakten werden von ihnen verdrängt, weil sie die Realität nicht aushalten können, und weil ihr geringes Selbstwertgefühl das Unheil nicht aushält. Es leuchtet ein, dass viele sich in Depression, Resignation und Machtlosigkeit flüchten. Andere müssen für sie sorgen, andere müssen stark sein und ihnen aus der Patsche helfen.

Selbstwertstörungen können auch das Glaubensleben von Christen beeinflussen

Alle Bereiche des Lebens werden in Mitleidenschaft gezogen. Christen mit Selbstwertstörungen glauben,

- sie seien als Christ nicht gut genug;
- sie seien zu lässig in der Nachfolge;
- sie seien zu oberflächlich im Halten der Gebote;
- sie seien im Gemeindeleben zu wenig aktiv;
- sie seien einfach schlechter als andere Christen;
- sie müssten immer ausgeglichen und untadelig sein;
- Gott müsste ihnen religiöse Erlebnisse schenken, damit ihr Glaube gestärkt und ihre Selbstunsicherheit abgebaut wird;
- sie müssten menschlichen Autoritäten in Kirche und Gemeinschaft unbedingt gehorchen;
- sie müssten einem Entweder-oder-Denken huldigen, um gegen den Versucher geschützt zu sein;
- sie würden von Gott erhört, wenn sie regelmäßig zum Gottesdienst gingen und regelmäßig ihre „Stille Zeit" einhielten;
- sie besitzen nur eine begrenzte Verantwortung und schieben bei Sünden und Zielverfehlungen dem Teufel oder den Umständen alles in die Schuhe.

Wer glaubt: Nur wenn er eindeutig Regeln, Rituale und Gesetze einhält, werde er von Gott geliebt, zeigt Züge eines *abhängigen* Christen.

Folgen solcher Selbstwertstörungen

Es gibt verschiedene Möglichkeiten, die Christen als Folge von Selbstwertstörungen praktizieren.

Sie versuchen, um die Gunst aller Menschen zu buhlen. Schließlich wollen sie geliebt werden.

Sie erscheinen nett und liebevoll, um sich die Zuneigung der anderen zu verdienen.

Sie leiden unter einer Gefall-Sucht, denn sie wollen unter keinen Umständen abgewiesen werden.

Sie können nicht nein sagen, auch wenn Herz und Hirn ihnen etwas anderes raten.

Sie hungern nach Liebe, Anerkennung und Aufmerksamkeit.

Sie wissen genau: Sie sind nicht Gott gehorsam, sondern sind abhängig von Menschen.

Sie erleben sich häufig als Opfer. Sie verstehen es meisterhaft, bei anderen Schuldgefühle zu wecken, damit diese noch mehr für sie tun.

Sie entwickeln das Bedürfnis, den anderen zu kontrollieren.

Sie entwickeln das Bedürfnis, den anderen zu manipulieren.

Sie entwickeln das Bedürfnis, den eigenen Kopf durchzusetzen.

Sie können auch kalt und gefühllos handeln, weil sie als Kinder enttäuscht und vernachlässigt wurden.

Sie benutzen Gemeinheiten und Machtkämpfe, um sich Liebe zu erkämpfen.

Wie Menschen mit einem gesunden Selbstwertgefühl reagieren

Sie haben Selbstvertrauen und packen die Aufgaben an, die ihnen vor die Füße gelegt werden. Ohnmachtsgefühle, wenn sie Entscheidungen über die Zukunft treffen müssen, oder das Gefühl, den Anforderungen des Lebens kraftlos und resigniert ausgeliefert zu sein, sind ihnen im Wesentlichen fremd.

Christen mit Selbstwertgefühl

- haben Selbstvertrauen,
- sind liebenswert und halten sich dafür,
- verhalten sich selbstbewusst,
- mögen sich, wie sie aussehen und was sie leisten,
- planen ihr Leben selbständig und selbstbewusst und sind nicht von der Meinung anderer abhängig,
- wissen, was in ihnen steckt,
- lassen sich durch andere Menschen nicht verunsichern,
- wissen um ihre Einmaligkeit als Person,
- wissen, dass sie einen unantastbaren Wert besitzen, der von Gott kommt,
- wissen, dass sie sich Schwäche leisten dürfen.

Menschen mit Selbstwertgefühl müssen nicht zeigen, was sie alles können, müssen ihre Defizite und Schwächen nicht vertuschen. Sie wissen um ihre Stärken, aber sie kennen auch ihre Schwächen und Grenzen. Das Positive: Sie können sich annehmen, wie sie sind. Das macht sie ruhig und selbstbewusst. Das macht sie stark und unabhängig.

Wie das Selbstwertgefühl aufgebaut werden kann

Wie sieht der Lebensweg eines Menschen mit starkem Selbstwertgefühl aus?

Baustein 1: Der Säugling tankt Urvertrauen

Der Säugling muss die Erfahrung des Urvertrauens machen. Mütter, die Vertrauen ausstrahlen, lassen im Kind ein starkes Vertrauen wachsen. Jede Unsicherheit der Mutter überträgt sich auf das Kind. Jede Angst und Hektik erlebt auch das heranwachsende Kind. Kinder, die Wohlwollen, Herzlichkeit und echte Zuneigung erfahren, erleben Urvertrauen. Es ist ein Gefühl:

- Ich kann mich als Kind auf meine Eltern verlassen,

- ich fühle mich in ihrer Gegenwart gehalten und geborgen,
- ich tanke Zutrauen zum Leben, zu Menschen und zu Gott.

Menschen, die kaum Urvertrauen entwickelt haben, werden übermäßig selbstkritisch.

Sie zweifeln

- an sich selbst,
- an ihren Fähigkeiten,
- am Angenommensein,
- am Leben,
- an ihrer wahren Identität,
- an ihrem Wert.

Baustein 2: Wir nehmen uns selbst an

Jeder von uns hat eine Vorstellung von sich selbst und nach diesem Selbstbild handeln wir. Dieses Selbstbild kann positiv oder negativ sein.

Dieses Selbstbild bestimmt unser *Denken*, unser *Gefühl*, unser *Handeln*.

Wer *glaubt*, er sei dumm und unbegabt, der handelt unbewusst dumm und unbegabt. Wer *glaubt*, von Gott keine Gaben bekommen zu haben, kann sie auch nicht einsetzen. Er sieht sie nicht, spürt sie nicht, darum kann er sie auch nicht realisieren.

Wer sich selbst annehmen kann, wie er ist, hat ein gesundes Selbstwertgefühl.

Von meinem psychologischen Lehrer Rudolf Dreikurs habe ich oft gehört: „So, wie du bist, bist du gut genug." Für meine Begriffe ist es ein wichtiger psychologischer Satz. Aber auch nach dem christlichen Glauben trifft er den Kern der Sache: Ich bin nicht gut, Gott allein ist gut; aber ich bin in Gottes Augen *gut genug*.

- Ich reiche aus.
- Ich darf mich annehmen, weil er mich angenommen hat.
- Ich darf ja zu mir sagen, weil er ja zu mir gesagt hat.

Wer sich selbst annehmen kann, muss nicht überheblich auftreten und seinen Wert zur Geltung bringen. Er darf selbstbewusst auftreten, weil er von Gott einen unantastbaren Wert bekommen hat. Wir sind Originale in seinen Augen, die einmalig sind und einen einmaligen Wert besitzen.

Sich selbst annehmen bedeutet auch, dass wir uns mit unseren Schwächen und Defiziten annehmen. Wer nur auf die Stärken schaut, macht sich etwas vor. Die Schwächen gehören auch zu unserem Leben. Und nur der hat ein gesundes Selbstwertgefühl, der seine Defizite akzeptiert. Zu unserem Leben gehören

- unterdrückte Gefühle,
- verdrängte Bedürfnisse,
- unangenehme Schattenseiten,
- schlechte Gewohnheiten.

In Ehe und Partnerschaft ist es nicht leicht, diese Schattenseiten zu akzeptieren. Wir wollen den Partner „brutto" lieben, das heißt mit allen Ecken und Kanten. Wenn beide den anderen als ganzen Menschen akzeptieren, werden beide an ihren Schwächen arbeiten. Aber Christen sind keine Perfektionisten, die jede Schwäche mit aller Gewalt ausradieren wollen. Diese Selbstüberforderung macht uns unzufrieden. Wer sich bei Fehlern, schlechten Gewohnheiten und kindischen Verhaltensmustern ertappt, muss nicht verzweifelt resignieren. Er weiß, dass sich der „alte Adam" und die „alte Eva" immer wieder zu Wort melden. Wir können Gelassenheit bewahren und die Gewissheit haben, dass wir *trotz allem* von unserem Herrn geliebt sind.

Baustein 3: Wir sind seine Söhne und Töchter

Es ist nicht leicht, diesen Gedanken umzusetzen. Wir hören und lesen ihn, aber er muss noch lange nicht unser Leben durchdringen. Aufrufe, Gott bedingungslos zu vertrauen, sind gut, aber keine Garantie, dass sie in Herz und Hirn ankommen.

Wer aus tiefstem Herzen und innerer Überzeugung sagen kann: „Ich bin ein Königskind!", hat Selbstvertrauen, ein gesundes Selbstwertgefühl und wird mit Beziehungsabhängigkeiten weniger Schwierigkeiten haben. Diese Gewissheit lässt sich nicht im Gebet erzwingen. Glaubensgewissheit ist ein Geschenk. Sie wird uns zuteil, wenn wir uns der Botschaft Gottes öffnen.

Der katholische Autor Anselm Grün hat sich in einem seiner Bücher auch mit Selbstwertstörungen auseinander gesetzt. Er schreibt: „Es hat keinen Zweck, sich mit dem Willen zum Vertrauen zu zwingen oder sich nur vom Verstand einzureden, dass man genügend Gründe zu vertrauen habe. Das Vertrauen muss wachsen. Es muss auch das Unbewusste durchdringen und prägen. Es kann wachsen, wenn ich die Worte Gottes schmecke und kaue, wenn ich sie immer tiefer in mich hineinfallen lasse. Dann verwandeln sie auch allmählich. Dann schaffen sie in uns mehr und mehr Vertrauen und Zuversicht."[7]

Wer sich auf das Wort Gottes einlässt und wer sich seinem Geist anvertraut, wird erleben, dass Gottes Geist immer tiefer in ihn eindringt. Jesus lädt uns dazu ein: „Kommet her zu mir alle, die ihr mühselig und beladen seid; ich will euch erquicken." Wir gehen, hoffend, wartend, empfangend. Je weniger *wir* es zwingen wollen, desto mehr erfahren wir seine Gegenwart. „Ich gehöre *ihm.*" Es stimmt schon:

- Wer geht, wird nicht enttäuscht,
- wer sucht, der findet,
- wer anklopft, dem wird aufgetan.

Das ist das Geheimnis.

Baustein 4: Nur wer empfangen hat, kann weitergeben

Nur wer Liebe erlebt hat, kann Liebe austeilen. Wer keine Liebe empfangen hat, läuft hinter der Liebe her. Alle möglichen Strategien fallen ihm ein, Liebe, Zuneigung und Aufmerksamkeit zu ergattern.

Besonders christliche Eltern legen Wert darauf, dass das Kind lernt, zu teilen, zu geben und selbstlos zu sein. Von den Kindern wird viel verlangt.

Das „brave Kind" ist bereit, zu teilen, zu schenken, zu helfen, zu geben, und zwar selbstverständlich und ohne Aufforderung. Wird diese Überzeugung übertrieben, haben Kinder nicht selten das

Gefühl, selbstsüchtig zu sein, wenn sie etwas für sich behalten wollen.

Spätestens im Alter von zwei Jahren lernt das Kind, nein zu sagen. Es reklamiert bestimmte Dinge für sich. Kinder, die genügend Zuwendung erhalten haben, sind innerlich „abgesättigt" und können leichter schenken und teilen. Das Kind, das erfahren und gelernt hat,

- das ist *mein* Schaukelpferd,
- das ist *mein* Teddybär,
- das ist *mein* Baukasten,

lässt gern andere Kinder mitspielen, denn es weiß: Diese Gegenstände erhalte ich zurück. Solche Kinder schenken gern, und zwar aus *Mitgefühl* und nicht aus *Pflichtgefühl.*

Kinder, die nicht gelernt haben, sich am Besitz zu freuen, die ständig aufgefordert werden, zu verzichten und sich zu verleugnen, leiden später eher unter einem gestörten Selbstwertgefühl.

- Nur wer empfangen hat, kann weitergeben,
- nur wer beschenkt wurde, kann schenken,
- nur wer geliebt wurde, kann Liebe austeilen.

Es ist auch ein biblisches Prinzip. In den Johannesbriefen heißt es: „Lasst uns lieben, denn Gott hat uns zuerst geliebt" (1. Johannes 4,19). Auch in diesem Text wird die Reihenfolge deutlich:

Liebe ist ein Geschenk.

Liebe ist ein Charisma, eine Begnadung.

Wer diese Begnadung erfahren hat, praktiziert keine abhängige und unehrliche Liebe. Er schenkt, weil Gott uns beschenkt hat.

10

Wie Sie Beziehungsabhängigkeiten vermeiden

Beziehungsabhängigkeiten verursachen Leiden. Immer geht es um die Frage, wie weit Rechte und Grenzen der eigenen Person gewahrt werden. Wenn Paarbeziehung als Einssein verstanden wird, entsteht leicht eine Überforderung. Ein Partner fühlt sich eingeengt, in seiner Freiheit beschnitten und kann die Erwartungen des anderen nicht erfüllen. Die Folge kann sein, dass es zu unterschiedlichen Ausbrüchen kommt.

Welche Hilfen gibt es, um Beziehungsabhängigkeiten zu vermeiden? Noch vorsichtiger: Welche Hilfen gibt es, um Beziehungsabhängigkeiten gering zu halten?

Hilfe Nr. 1: Machen Sie nicht Kinder zum Partnerersatz

Schwierigkeiten in der Ehe – und das gilt besonders für beziehungsabhängige Partner – führen häufig dazu, Kinder zum Partnerersatz zu machen. Gerade Ehepartner, die ihr Gegenüber klammern, weil sie ständigen Austausch brauchen, erleben, dass der andere auf Distanz geht und sich vermehrt außerhalb der Familie Aufgaben sucht. Der Klammernde ist der Beziehungsabhängige. Weil er es ohne den anderen nicht aushält, steht er nun in der Gefahr, ein Kind zum Partnerersatz auszuwählen. Das Kind wird mit allen Fragen, Problemen und inneren Nöten eines Elternteils konfrontiert und überfordert. In der Regel wird ein gegengeschlechtliches Kind benutzt, um sich auszusprechen. Ein Partner braucht Rat und Trost, und das Kind gerät ungewollt in die Rolle des Ehemannes oder der Ehefrau.

Es leuchtet ein, dass der andere mit Eifersucht, Rückzug oder Aggression reagiert.

Kinder, die man so benutzt, werden seelisch missbraucht. Eltern nehmen den Kindern ihre Kindheit und beschweren sie mit Eheproblemen. Wenn ein Elternteil ein Kind zum Partnerersatz macht, ist in der Regel die Ehe nicht in Ordnung. Die Eheleute können sich nicht austauschen, die Kommunikation ist gestört.

Hilfe Nr. 2: Suchen Sie im Partner nicht Vater oder Mutter

Mangelnde Selbstverwirklichung und Unabhängigkeit vom Elternhaus führten dazu, dass junge Menschen im Partner Vater oder Mutter wählen. Die Wünsche laufen unbewusst und ungewollt. Äußerlichkeiten oder bestimmte Verhaltensmuster erinnern an einen Elternteil. Der große Nachteil: Der Mensch, der im Partner Vater oder Mutter erkennt, verhält sich so, als wäre er Kind, und reproduziert die alten familiären Beziehungsmuster. Es leuchtet ein, dass solche Ehebeziehungen schon nach kurzer Zeit in die Krise führen müssen. Das Zerrbild von Mutter oder Vater, das im anderen gesehen wird, ist eine Selbsttäuschung.

Ein Beratungsbeispiel mag das verdeutlichen:

Herr Schwarz ist etwa ein Jahr verheiratet und kommt in die Beratung. Er ist unzufrieden, kann sich aber seine Unzufriedenheit nicht erklären. Nach seinen Worten hat er eine attraktive Partnerin gewählt. Sie entspricht voll seinen Erwartungen. Aber im Ehealltag gibt es Schwierigkeiten. Der Haushalt wird vernachlässigt, und in der Küche bleibt der Herd oft kalt. Seine Partnerin legt auf Kleider, gutes Aussehen und Sport viel Wert, aber sie ist alles andere als eine passionierte Hausfrau.

Schnell wird klar, dass er zu Hause von der Mutter verwöhnt wurde. Sie war eine hervorragende Köchin und ständig als Helferin für ihn zur Stelle. Herr Schwarz ist es nicht gewöhnt, im Haushalt mitzuhelfen. Er drückt sich, wo er kann. Seine Partnerin ist wütend, lässt alles liegen und fühlt sich ausgenutzt, weil beide arbeiten gehen. Sie beschimpft ihn als „verwöhntes Muttersöhnchen", er nennt sie „Prinzessin auf der Erbse". Wenn jeder seine Rolle verteidigt und zu keinen Kompromissen bereit ist, wird die Ehe in schwere Stürme geraten.

Herr Schwarz hat seine überfürsorgende Mutter nicht gemocht, gleichzeitig aber die Verwöhnung in Anspruch genommen. Er liebt damenhafte Frauen und keine mütterlichen. Gewählt hat er in der Tat die damenhafte und attraktive Partnerin, die allerdings alle mütterlichen Wesenszüge vermissen lässt. Die Ambivalenz, die er im Elternhaus praktiziert hat, trägt er in die Ehe hinein. Erst jetzt wird ihm klar, wie sehr er die Verwöhnung seiner Mutter vermisst.

Was macht das Beratungsbeispiel deutlich?

- Herr Schwarz will das runde Viereck. Er will die attraktive Dame als Partnerin und gleichzeitig eine vollkommene Hausfrau und fürsorgliche Mutter.
- Er gibt zu, dass er die richtige Wahl getroffen hat. Mit einem Hausmütterchen wäre er noch weniger zufrieden.
- Beide kommen in die Beratung und sind bereit, die Realität nüchtern zu sehen. Die Frau hasst die Küche, weil sie erlebt hat, dass ihre Mutter sich von früh bis spät für vier Kinder aufgeopfert hat und dann von ihrem Mann betrogen wurde. Ihre Mutter hat sich vernachlässigt und nur für die Familie gelebt. Als die Ehe der Eltern geschieden wurde, erlebte Frau Schwarz eine resignierte und verbitterte Mutter. Sie will nicht so werden wie sie.
- Frau und Mann besuchen gemeinsam einen Kochkurs, meistern gemeinsam Küche und Haushalt und lernen, ihre Schwächen zu kompensieren. Beide stellen die Vorwürfe ein, die in der Regel mit überhöhten Erwartungen verbunden sind.

Grundlage jeder Veränderung in der Partnerbeziehung ist die Bereitschaft, den anderen als eigenständige Person zu akzeptieren, die nicht für die Bedürfnisbefriedigung des Partners zuständig ist. Ehe ist ein Wir, beide tragen für alle Verpflichtungen gemeinsam die Verantwortung.

Hilfe Nr. 3: Vergegenwärtigen Sie sich Ihre Beziehungen in der Ursprungsfamilie

Die Ursprungsfamilie spielt für unsere Beziehungen in Ehe und Partnerschaft eine große Rolle. Denn die praktizierten Beziehungen in der Kindheit setzen wir in der Regel in der Liebesbeziehung fort. Wer die verschiedensten Formen der Abhängigkeit erlebt hat, trägt sie in der Regel in neue Beziehungen hinein.

Welche Einstellungsmuster haben Sie in der Ursprungsfamilie trainiert?

- Haben Sie von klein auf gelernt, für Ihr Leben selbst verantwortlich zu sein? Haben Vater oder Mutter für Sie Entscheidungen getroffen?
- Haben Sie sich von einem Elternteil oder Großelternteil verwöhnen lassen? Wenn ja, welche Konsequenzen hat das in Ihrem Leben bis heute?
- Haben Sie Schulaufgaben weitgehend selbständig gemacht oder sich häufig von Eltern helfen lassen?
- Haben Sie weiterführende Schulen, Ausbildung oder Studium selbständig gewählt, oder sind Sie dem Rat Ihrer Eltern gefolgt?
- Wenn Sie als Kind oder Jugendlicher einen gleichgeschlechtlichen Freund oder eine gleichgeschlechtliche Freundin hatten: Wer hat in der Beziehung etwas mehr geführt und den Ton angegeben?
- Was bewundern Sie an Ihrer Mutter?
- Was bewundern Sie an Ihrem Vater?
- Wenn Sie von Männern und Frauen im Film, in der Literatur oder im Leben angezogen werden: Was verkörpern sie genau?
- Welche Eigenschaften oder Verhaltensmuster imponieren Ihnen?
- Wie haben Eltern, Geschwister oder Großeltern Sie charakterisiert?
- Was haben Lehrer, Kindergottesdienst-Helfer und andere über Sie gesagt?
- Welche Eigenschaften haben sie genannt?

Hilfe Nr. 4: Handeln Sie nach dem Als-ob-Grundsatz

Der Philosoph Hans Vaihinger fand das „Als-ob-Prinzip" heraus. Wir handeln so, *als ob* wir genau wüssten, was wir wollen. Aber wir wissen es nicht. Ein Baby handelt nach diesem Muster. Es „weiß" nach vierzehn Tagen auf der Welt, wie es die Eltern angehen muss, um seinen Willen durchzusetzen. Es weiß es nicht, seine Vernunft, seine Logik und seine Erfahrungen sind noch nicht so ausgeformt, aber es handelt so, als ob es wüsste, was es will.

Der amerikanische Prediger Norman Vincent Peale schrieb über den „Als-ob-Grundsatz":

„Handeln Sie, ‚als ob' Sie keine Angst hätten, und Sie werden mutig werden,

handeln Sie, ‚als ob' Sie könnten, und Sie werden feststellen, dass Sie können;

handeln Sie, ‚als ob' Sie einen Menschen gut leiden könnten, und Sie werden zu einer Freundschaft kommen."[8]

Das gilt selbstverständlich auch für Beziehungsabhängige. Handeln Sie so,

- als ob Sie keine Angst hätten, den Partner zu verlieren, und Sie müssen ihn nicht mehr wie ein Schießhund bewachen;
- als ob Sie von keinem Minderwertigkeitsgefühl heimgesucht werden, und Sie können das Klammern unterlassen;
- als ob Sie Ihrem Partner vertrauen könnten, und Sie werden eine Beziehung erleben, die Sie froher und weniger angespannt sein lässt;
- als ob Gott Ihnen beistehen würde, und Sie werden erleben, dass Sie gestärkt und ermutigt Ihren Weg gehen.

Hilfe Nr. 5: Sprechen Sie sich Bestätigungen zu

Jeder von uns braucht Bestätigung, Anerkennung und Wertschätzung. Viele Jahre lang habe ich auf Vortragsreisen gesagt: „Der Einzige, der kein Bestätigung und keinen Zuspruch brauchte, war Jesus Christus."

Eines Tages stand nach dem Vortrag eine Frau auf und sagte: „Herr Ruthe, Sie irren sich. Nicht nur Menschen suchen Bestätigung. Auch Jesus brauchte Anerkennung und Zuspruch. Und sein Vater hat sie ihm gewährt."

„Und wie begründen Sie das?", fragte ich.

Sie kannte ihre Bibel gut und zitierte aus dem Matthäus-Evangelium: „Und siehe, eine Stimme vom Himmel herab sprach: Dies ist mein lieber Sohn, an dem ich Wohlgefallen habe" (Matthäus 3,17).

In der Tat: Jeder Mensch braucht Bestätigung. So notwendig wie Sauerstoff und Nahrung brauchen Kinder und Erwachsene den Zuspruch, dass sie geliebt und wertgeschätzt werden.

- Bestätigung stärkt das Selbstvertrauen.
- Bestätigung stabilisiert das Selbstwertgefühl.
- Bestätigung garantiert die Selbstachtung.

Wenn Ihr Selbstbewusstsein angeknackst ist und Ihr Selbstvertrauen am Boden liegt, dann sprechen Sie sich selbst Ihren Wert zu:

- Ich danke dir, Gott, dass du mich liebst,
- ich danke dir, Gott, dass du mich trägst,
- ich danke dir, Gott, dass du zu mir stehst,
- ich danke dir, Gott, dass du mich segnest,
- ich danke dir, Gott, dass du in meinem Leben wirkst.

Die Sätze sind mehr als Autosuggestion, sie wirken effektiver als positive Selbsteinreden. Diese Sätze erinnern uns daran, was Gott für uns tun will. Unser Herr hat uns die Verheißung zugesprochen: „Ich will mit dir sein und dich segnen!" (1. Mose 26,3)

In seinem Wort finden wir die einmalige Zusage: „Also hat Gott die Welt geliebt, dass er seinen eingeborenen Sohn gab, damit alle, die an ihn glauben, nicht verloren werden, sondern das ewige Leben haben" (Johannes 3,16).

Wenn wir daran zweifeln, werden Zweifel und Misstrauen unsere Begleiter sein. Wenn wir Gott vertrauen, werden wir gestärkt und ermutigt unseren Lebensweg meistern.

Hilfe Nr. 6: Beziehungsabhängige sollten ihre gestörte Gottesbeziehung verändern

Jeder Mensch schaut durch eine Brille, auch der Mensch, der keine trägt – durch die Brille seines Vorurteils. Auch Beziehungsabhängige sehen Gott durch ihre Brille.

- Das Kind, dessen Vater nicht zuhörte, der beschäftigt war, wird unter Umständen als Erwachsener einen Gott erwarten, der nicht zu sprechen ist.
- Wer einen schweigenden Elternteil erlebt hat, wird dieses Schweigen auch auf Gott beziehen. Gott rede vielleicht in der Bibel, aber auf Gebete gebe er keine Antwort.
- Wer den Vater als autoritär und gesetzlich erlebt hat, steht in der Gefahr, auch von Gott autoritäres und gesetzliches Verhalten zu erwarten.
- Wie soll jemand, der von Vater, Stiefvater oder Großmutter sexuell missbraucht wurde, als Erwachsener vom himmlischen Vater Güte, Liebe und uneingeschränkten Respekt erwarten?
- Wer sich als unmündig, hilflos und fragend erlebt hat, wer einen Elternteil hatte, der über das Leben der Kinder bestimmte, alle Fragen beantwortete und das Kind und den jungen Erwachsenen an die Hand nahm, wird später diese Erfahrung gern auf Gott übertragen, der auf alle Fragen eine Antwort hat. Vielleicht wird dieser Mensch auch einen Seelsorger oder Berater finden, der Antworten im Namen Gottes parat hat.

Wie können wir die falschen Brillen ablegen? Einige konkrete Schritte helfen in diesem Prozess.

Schritt 1: Ich bitte um Erkenntnis über meine Beziehungsabhängigkeit

Wer gesund werden will, wer Beziehungsabhängigkeiten, die zu Partnerschaftsproblemen geführt haben, ablegen will, geht mit Leib, Seele und Geist an die Veränderung heran. Was wir halbherzig in

Angriff nehmen, bleibt halbherzig. Wer sich ehrlich und aufrichtig mit dem Psalmbeter an Gott wendet, wird Antwort bekommen: „Herr, du durchschaust mich, du kennst mich bis auf den Grund. Ob ich sitze oder stehe, du weißt es, du kennst meine Pläne von ferne“ (Psalm 139,1-2; Gute Nachricht Bibel). Wer lange genug hört, wird Antwort bekommen.

„Herr, ich will jetzt drei Wochen nur dieses eine Problem mit dir klären. Ich denke über mein Beziehungsmuster in meinem Leben nach. Ich bitte dich um Weisheit, mir meine problematischen Muster zu zeigen.“ Wer ernsthaft von seinen falschen Reaktionen überzeugt ist und konsequent seine Muster betend hinterfragt, wird in der Regel Antwort bekommen.

Sollte sich in drei Wochen nichts getan haben – der Beter erlebt sich antwortlos oder kann mit den Einsichten nichts anfangen –, dann sollte er einen Fachseelsorger oder eine Fachseelsorgerin aufsuchen, um die Muster und Motive mit ihm/ihr herausarbeiten.

Wer beide Schritte unterlässt,

- verharmlost seine Symptome.
- wartet realitätsfremd auf ein Wunder.
- setzt unter Umständen seine Ehe aufs Spiel.

Schritt 2: Nur was ich durchschaue, kann ich ablegen

Was ich nicht durchschaue und nicht verstanden habe, kann ich auch nicht ablegen. Nur gegen das, was ich präzise benennen kann, kann ich etwas unternehmen. Wer drei Wochen lang die eigenen Beziehungsmuster vor Gott ausbreitet, wird ganz sicher Einsicht in seine problematischen Umgangspraktiken erhalten. Es lohnt sich, die Muster aufzuschreiben:

- Welche Einstellungen sind fragwürdig?
- Welche Haltungen stören und zerstören die Gemeinschaft?

Ich bleibe bei mir und schaue nicht ständig auf das Verhalten des Partners.

Schritt 3: Ich warte nicht darauf, dass auch der Partner seine Einstellungsmuster unter die Lupe nimmt

Viele Lebensstil-Korrekturen bleiben ungelebt, weil wir auf den Partner warten, dass er auch an seiner Veränderung arbeitet. Ratsam ist es dagegen, uns Vorwürfe zu sparen – etwa wie diese: „Ich tue was für unsere Beziehung, du könntest auch einen Beitrag leisten." – „Wenn du nicht auch an dir arbeitest, stelle ich meine Bemühungen ein. Sie sind ja zwecklos."

In der Paartherapie gibt es eine hilfreiche Regel: *„Wenn ich mich verändere, kann der andere nicht bleiben, wie er ist."* Wenn ich mich verändere, kann das bisherige negative Zusammenspiel nicht mehr funktionieren. Die Zusammenspielmuster werden blockiert. Vielleicht wollen Sie Ihren Partner mit aller Macht verändern. Sie wollen ihn dazu bringen, sich zu verändern. Versuchen Sie jetzt einmal, alle Energie auf sich selbst zu richten. Wenn Sie jetzt noch um die Kraft und den Segen Gottes bitten, kann Ihr Streben nur erfolgreich sein.

Schritt 4: „Lasst euch im Innersten von Gott umwandeln!"

Veränderung ist ein Geschenk. Gesinnungsänderung gelingt uns nicht ohne weiteres. Wer aber sein Leben Christus überlässt, ist ein neuer Mensch geworden. Die gewohnten Beziehungsmuster müssen nicht mehr zwanghaft gelebt werden. Die „programmierten" Praktiken haben ausgedient. Die Kraft unseres Lebens ist eine andere geworden, sein Sinn ist ein anderer geworden, denn der Geist Christi ist in uns. Der Gesinnungswandel bedeutet auch einen Wandel in unseren Umgangsmustern.

Die Voraussetzung ist: „Lasst euch eine neue Gesinnung schenken! Dann könnt ihr erkennen, was Gott von euch will" (Römer 12,2; freie Übersetzung). Die Reihenfolge ist unverkennbar: Wer sich diese neue Gesinnung schenken lässt, kann erkennen, was Gott von uns will. Wer Christus nicht ans Steuer lässt, will selbstherrlich und egoistisch seine eintrainierten Umgangstechniken ausleben.

Warum finden diese radikalen Gesinnungsänderungen so selten statt? Warum sind viele Beratungs- und Seelsorgegespräche ohne Wirkung?

Auf dem Hintergrund der Römerbrief-Aussage ist die Antwort leicht: Wir sind Jahre unseres Lebens mit unseren Einstellungsmustern vertraut. Die „programmierten" Verhaltensmuster laufen unbewusst ab.

Wir können nicht anders. Wir wollen nicht anders. Wir sehen eine Änderung nicht ein. Wir sind überzeugt: Der andere muss falsch liegen.

Wer sich neu unserem Herrn anvertraut, wird eine Revolution seines Denkens erleben. Mit dem neuen Denken ist auch ein neues Handeln verbunden. Gott sei Dank!

Anhang:
„Beziehungsabhängigkeit“ in der Fachliteratur

1980 wurde versucht, eine internationale Sprachregelung für alle diagnostischen und statistischen Klassifikationen in der Psychiatrie zu finden. Heute werden im Wesentlichen zwei Handbücher benutzt, die eine gemeinsame Klassifikation von seelischen Störungen wiedergeben. Ich beziehe mich auf: *Diagnostisches und Statistisches Manual psychischer Störungen.*

Die dependente Persönlichkeitsstörung

Das Handbuch nennt für diese Störung fünf diagnostische Kriterien genannt: „Mindestens fünf der folgenden Kriterien müssen erfüllt sein:

1. Hat Schwierigkeiten, alltägliche Entscheidungen zu treffen, ohne ausgiebig den Rat und die Bestätigung anderer einzuholen;
2. benötigt andere, damit diese die Verantwortung für seine/ihre wichtigsten Lebensbereiche übernehmen;
3. hat Schwierigkeiten, anderen Menschen gegenüber eine eigene Meinung zu vertreten, aus Angst, Unterstützung und Zustimmung zu verlieren. *Beachte*: Hier bleiben realistische Ängste vor Bestrafung unberücksichtigt;
4. hat Schwierigkeiten, Unternehmungen selbst zu beginnen oder Dinge unabhängig durchzuführen (eher aufgrund von mangelndem Vertrauen in die eigene Urteilskraft oder die eigenen Fähigkeiten als aus mangelnder Motivation oder Tatkraft);
5. tut alles Erdenkliche, um die Versorgung und Zuwendung anderer zu erhalten bis hin zur freiwilligen Übernahme unangenehmer Tätigkeiten;
6. fühlt sich alleine unwohl oder hilflos aus übertriebener Angst, nicht für sich selbst sorgen zu können;
7. sucht dringend eine andere Beziehung als Quelle der Fürsorge und Unterstützung, wenn eine enge Beziehung endet;
8. ist in unrealistischer Weise von Ängsten eingenommen, verlassen zu werden und für sich selbst sorgen zu müssen.“[9]

Weitere Charakteristika

Diese Menschen pflegen Pessimismus und Selbstzweifel.

Sie neigen dazu, ihre Fähigkeiten zu unterschätzen.

Kritik empfinden sie als Beweis ihrer Wertlosigkeit.

Soziale Beziehungen sind meist auf wenige Personen beschränkt.

Diese Störung tritt häufig mit Borderline-Störungen, affektiven Störungen und Angststörungen auf.

Die Betreffenden verhalten sich ungewöhnlich selbstaufopfernd, lassen verbalen, physischen und sexuellen Missbrauch zu.

Sie hängen sich an andere, um nicht allein zu sein, ohne mit ihnen übereinzustimmen.

Anders als die histrionische Persönlichkeit ist die beziehungsabhängige Persönlichkeit in der Regel gefügig und bescheiden. Auch die beherrschende Persönlichkeit, die Sklaven oder Sklavinnen benötigt, ist eine *abhängige* Persönlichkeit, weil sie ohne diese nicht leben kann.

Anmerkungen

1 Amy Bjork Harris/Thomas A. Harris, Einmal o.k., immer o.k., Rowohlt Verlag, Reinbek 1990, S. 216

2 Manfred Hassebrauck/Beate Küpper, Warum wir aufeinander fliegen, Rowohlt Taschenbuch Verlag, Reinbek 2002, S. 128f

3 Hassebrauck/Küpper, S. 129

4 Hassebrauck/Küpper, S. 140f

5 Robert Hemfelt/Frank Minirth/Paul Meier, Mut zur Liebe, Gerth Medien, 8. Auflage, Asslar 2000, S. 29f

6 Melody Beattie, Die Sucht, gebraucht zu werden, Wilhelm Heyne Verlag, München 1996, S. 140

7 Anselm Grün, Selbstwert entwickeln, Ohnmacht meistern, Kreuz Verlag Zürich 1995, S. 65

8 Norman Vincent Peale, Lebenslust-Kalender 2003, Bassermann Verlag, München 2002, 15./16. Januar

9 Diagnostisches und Statistisches Manual Psychischer Störungen, Hogrefe Verlag Göttingen/Bern/Toronto/Seattle, 2. Auflage 1998, S. 755